Le networking

Développez votre réseau professionnel

Yves Guéchi

Ingénieur pédagogique

ISBN : 9798224310838

Partie 1 - Pensez votre stratégie de networking
Chapitre I

Intégrez les principes de base du réseau
Qu'est-ce que le networking ?
Pourquoi networker ?
Le pouvoir de la recommandation
Apprendre de nouvelles compétences
Vous tenir au courant de l'actualité de votre secteur
Augmenter votre influence et votre visibilité
Quels sont les freins que vous pouvez rencontrer ?
Une démarche qui peut sembler intimidante
Une démarche qui prend du temps
Une démarche parfois gênante
En résumé

Chapitre II

Clarifiez vos objectifs
Projetez-vous dans le court terme, le moyen terme et le long
terme
Court terme
Long terme
Moyen terme
Définissez vos "personas"
Géographie
Séniorité
Entreprises et secteurs d'activité
Postes
En résumé

Chapitre III

Analysez vos réseaux actuels

Faites le tour des réseaux auxquels vous appartenez
Zoomez sur vos contacts
Focalisez-vous sur les membres les plus pertinents
En résumé

Chapitre IV

Appuyez-vous sur des mentors
Un mentor, c'est quoi ?
Un mentor, pour quoi faire ?
Vous mettre en relation avec les bonnes personnes
Vous transmettre le bon état d'esprit et vous inspirer à l'action
Vous transmettre des compétences
Avoir un point de vue externe
Mentor actif et mentor passif ?
Mentorat passif
Mentorat actif
Reverse mentoring ?
En résumé

Partie 2 - Préparez vos outils de networking et lancez-vous
Chapitre V

Vérifiez vos outils actuels
Définissez clairement l'image que vous souhaitez transmettre
Vérifiez la manière dont vous apparaissez aujourd'hui
Supprimez ce qui est trop éloigné ou pourrait vous nuire
Protégez vos espaces privés
Optimisez les espaces où vous devez être
Vérifiez et optimisez également vos outils "offline"
En résumé

Chapitre VI

Soignez votre présence sur LinkedIn
Utilisez les groupes
Construisez votre fil d'actualité
Poster :
Commenter un post :
Partager :
Élargissez votre réseau
En résumé

Chapitre VII

Utilisez efficacement la fonction recherche de LinkedIn
Utilisez les différents onglets de recherche
Tirez parti de l'onglet "post"
Exploitez les opérateurs booléens
Les guillemets
Les inclusions OR et AND et l'exclusion NOT
Tenez compte des recherches limitées
Boostez vos résultats de recherche.
En résumé

Chapitre VIII

Mettez en place votre stratégie online
L'utilisation des réseaux sociaux
Twitter
Facebook
Instagram
Les autres réseaux
Les applications de networking
LinkedIn
Shapr ou Ripple

Meetup
Bizzabo ou Eventbrite
En résumé

Chapitre IX

Adoptez le bon comportement
Personnalisez
Faites vos recherches
Soyez patient, n'automatisez pas votre networking
Ouvrez-vous
Donnez, donnez, donnez... puis demandez
Faites attention au nombre de contacts
Entrez dans la conversation
Soyez réactif, suivez les échanges
Ne soyez pas trop restrictif, soyez curieux !
En résumé

Partie 3 - Entretenez votre réseau professionnel
Chapitre X

Développez votre réseau actuel
Choisissez la "direction" de votre networking
Networking in ou out ?
Networking up ou down ?
Inbound ou outbound networking ?
Tirez parti de vos "liens faibles"
En résumé

Chapitre XI

Apportez de la valeur à vos réseaux
Aidez votre réseau à se tenir informé
Soyez un véritable "connecteur" pour votre réseau

Valorisez votre réseau
En résumé

Chapitre XII

Sollicitez vos contacts de manière intelligente
Choisissez le bon canal direct
Demandez des conseils
Personnalisez votre message
N'insistez pas
Soyez remarquable et remarqué
Respectez le temps de vos contacts
En résumé

Chapitre XIII

Construisez également votre réseau offline
Identifiez les bons événements
Préparez-vous pour être à l'aise
Tirez le meilleur de chaque opportunité
En résumé

Chapitre XIV

Entretenez votre réseau dans le temps
Remettez-vous en ordre de marche
Gardez le contact
En résumé

Chapitre XV

Lancez-vous et tirez parti de votre réseau !
À vous de jouer !
Demande de mise en relation
Demande directe à un contact

Vérifiez votre travail

"Le networking n'est pas une collecte de contacts, c'est l'art de cultiver des relations significatives et durables." - Ivan Misner

Selon la théorie des 6 degrés de séparation établie en 1929 par un chercheur hongrois, Frigyes Karinthy, vous êtes connecté à n'importe qui dans le monde par un maximum de 5 individus. Vous avez bien lu : selon cette recherche, vous n'êtes qu'à 5 personnes de votre star préférée, d'une célébrité ou d'un sportif que vous admirez !

Et si vous pouviez utiliser cette proximité avec n'importe qui dans le monde pour vous créer plus d'**opportunités** ? Pourquoi ne pas chercher à entrer en relation avec des chefs d'entreprise de votre secteur ? Avec des experts reconnus ? Avec d'autres passionnés comme vous pour échanger de l'information ? Et si vous profitiez des liens que vous allez développer pour apprendre de **nouvelles compétences**, progresser dans votre carrière, **collaborer** sur de nouveaux projets ?

Notre monde s'accélère, les distances se raccourcissent, les réseaux sociaux se développent et l'usage des applications mobiles nous permet d'être toujours connectés et disponibles. Bien exploité, cela constitue de véritables **opportunités,** que vous allez ici apprendre à cultiver.

Dans ce cours, vous découvrirez tout ce que le networking a à vous offrir. Vous apprendrez comment développer votre **réseau**, comment utiliser les **médias sociaux** pour approcher les bonnes personnes de manière stratégique et comment entretenir ce réseau dans le temps.

*Vous êtes prêt à réseauter ? À rencontrer de nouvelles personnes ? À découvrir une nouvelle **stratégie** pour vous créer de nouvelles opportunités ? Alors vous êtes au bon endroit ! Rendez-vous au premier chapitre, pour démarrer ensemble cette aventure !*

Partie 1 - Pensez votre stratégie de networking

Chapitre I

Intégrez les principes de base du réseau

Vous avez sûrement déjà entendu des expressions comme :

"L'important, ce n'est pas ce que tu sais, mais qui tu connais."
"Qui voyage seul va vite, qui voyage accompagné va loin."
"Il y a l'avocat qui connaît la loi, et celui qui connaît le juge."

Ces expressions soulignent, avec ironie ou humour parfois, l'importance d'avoir un **réseau solide** pour atteindre ses objectifs.

En anglais, une citation qui circule beaucoup va même jusqu'à dire "If you are not networking, you are NOT working" (que l'on pourrait traduire par : "Si vous ne travaillez pas votre réseau, vous ne travaillez pas.").

Avant de voir comment networker et entretenir son réseau, intéressons-nous à la notion de **networking** et surtout aux avantages que vous pouvez espérer en mettant en place votre **stratégie réseau**.

Qu'est-ce que le networking ?

Le networking, c'est tout simplement l'action délibérée et réfléchie de construire un réseau de personnes liées à vos secteurs d'activité ou à vos passions, avec qui vous allez pouvoir **échanger** pour vous créer des **opportunités professionnelles.**

On parle bien ici de quelque chose de très simple, et que vous faites sûrement déjà : construire des **relations humaines** solides. Ce qui va changer, c'est l'approche réfléchie, stratégique et systématique que vous allez adopter et que nous détaillerons tout au long de ce cours.

*Que ce soit via les réseaux sociaux et internet, ou via des techniques plus classiques en "offline", il s'agit de créer un **lien relationnel** solide que vous pourrez utiliser d'une manière ou d'une autre pour atteindre vos objectifs.*

Aujourd'hui, quelles que soient vos ambitions professionnelles, avoir un réseau sur lequel vous allez pouvoir vous appuyer est **indispensable**. Dans certaines fonctions, c'est d'ailleurs l'un des critères principaux de recrutement, car c'est un différenciateur fort entre les candidats.

Sur certaines fonctions commerciales ou sur des fonctions éditoriales ou journalistiques, par exemple, pouvoir prouver que vous connaissez les bonnes personnes est un élément souvent déterminant.

Voyons de manière plus complète les bienfaits que vous retirerez d'une démarche de networking **structurée** et **appliquée**.

Pourquoi networker ?

Que vous soyez en recherche d'emploi, entrepreneur ou créateur d'entreprise, étudiant, en reconversion professionnelle ou encore freelance, le networking s'adresse à tous.

Comme le personal branding, il doit vous aider à avancer dans votre **projet professionnel**. Tout le monde est donc concerné, sans distinction d'âge, de séniorité, de géographie ou de secteur d'activité. Mais pour quoi faire, exactement ?

LE NETWORKING

Le pouvoir de la recommandation

Il y a quelques mois, j'ai été contacté par une école de commerce qui voulait savoir si je pouvais intervenir auprès de ses étudiants. Je n'avais pas postulé ; c'est une personne de mon réseau, avec qui j'avais fait une présentation quelques semaines plus tôt, qui m'a **recommandé** auprès de cette directrice pédagogique qu'elle connaît personnellement. Cela a débouché sur une nouvelle opportunité.

De la même manière, il y a quelques années, mon employeur cherchait un stagiaire. J'ai tout simplement recommandé un étudiant avec qui j'avais sympathisé lorsque je donnais des cours.

*De nombreuses entreprises font appel à la **cooptation**. Ils demandent à leurs employés de leur recommander des personnes pour les postes ouverts, avec une récompense à la clé.*

Avoir les **bonnes relations** et être identifié par son réseau comme un bon candidat, c'est s'ouvrir les portes de ces opportunités, et bien d'autres, qui ne sont même pas publiées.

Enfin, vous voyez sûrement régulièrement sur les réseaux sociaux, et surtout sur LinkedIn, des personnes qui en appellent à leur réseau pour partager leur CV ou pour les aider à entrer en contact avec des recruteurs.

*Avoir un réseau solide et mobilisé permet de **gagner en visibilité**, de générer de l'engagement et ainsi pourquoi pas de décrocher un nouvel emploi.*

Apprendre de nouvelles compétences

Votre réseau peut également vous aider à apprendre. Que ce soit en partageant des cours en ligne que des relations qui ont un profil similaire au vôtre ont suivi, en vous recommandant des cours ou événements qui vous permettront d'acquérir de **nouveaux savoir-faire**, votre réseau est l'endroit rêvé pour **apprendre** de vos contacts.

Vous aurez vraisemblablement dans votre réseau des personnes aux compétences très différentes.

Apprenez grâce à votre réseau !

Au travers des partages et discussions avec toutes ces personnes, vous enrichirez naturellement les vôtres et apprendrez sur le long terme des **compétences** utiles pour le développement de votre carrière, ou pour un intérêt personnel. C'est là une richesse souvent peu perçue d'un bon réseau.

Vous tenir au courant de l'actualité de votre secteur

En étant connecté aux bonnes personnes, leaders d'opinion ou dirigeants de votre secteur d'activité, par exemple, vous êtes quasi certain de ne manquer aucune actualité clé. Toujours informé et au courant des **dernières news**, vous devenez un atout essentiel pour votre entreprise, qui peut s'appuyer sur vos connaissances.

Bien **informé**, vous devenez également un partenaire stratégique pour vos clients et vous augmentez votre crédibilité, voire votre créativité, car vous êtes au courant des dernières tendances.

*Plus vous recevez de **nouvelles** de votre réseau, plus vous participez aux **événements** qu'ils organisent, plus vous vous nourrissez de différentes expériences et contenus pour avoir de **nouvelles idées** et voir votre activité sous un autre angle.*

Augmenter votre influence et votre visibilité

Grâce à votre réseau, vous êtes déjà mieux informé et plus crédible. Mais mieux, il vous permettra aussi d'être **plus visible**, car il pourra repartager vos contenus ou publications.

*La **viralité** est l'un des principes fondamentaux des réseaux sociaux, et si vous avez construit un réseau de qualité, vous pourrez compter sur celui-ci pour interagir avec votre contenu et rendre celui-ci plus visible.*

Vos articles ou vos vidéos peuvent être partagés et vus des centaines voire des milliers de fois simplement parce que votre réseau le plus proche l'aura partagé à son réseau, qui l'aura partagé à son réseau, etc., amplifiant de manière organique votre visibilité.

Mais il faut pour cela que vos contacts voient en vous une **personne crédible**, et qu'ils aient envie, pour des raisons personnelles, de vous donner cette visibilité. D'où l'importance, dans cette situation, d'un réseau travaillé et entretenu.

Mais si les avantages sont nombreux, networker n'est pas forcément aussi évident qu'il n'y paraît. Voyons les limites auxquelles vous risquez d'être confronté.

Quels sont les freins que vous pouvez rencontrer ?

Une démarche qui peut sembler intimidante

Puisque l'on parle de relations humaines, networker signifie bien sûr aller à la rencontre des autres. Que ce soit derrière un ordinateur ou durant un événement en présentiel, créer son réseau demande de s'adresser à des inconnus et de créer une discussion intéressante avec eux. Cela peut faire peur, surtout aux plus timides ! Il faut oser aller vers d'autres personnes, et trouver des sujets de discussion pertinents. Cela fait beaucoup !

> *Si vous avez peur de sortir de votre zone de confort, n'hésitez pas à demander à des personnes que vous connaissez bien de vous aider dans cette démarche, surtout au début, avant que cela devienne automatique.*

Par exemple, demandez à un contact commun de vous mettre en relation sur LinkedIn (nous verrons comment en détail) ou allez aux événements avec un ami ou un collègue.

Vous serez plus à l'aise, plus naturel et donc à même d'entrer en relation avec les bonnes personnes plus facilement.

Une démarche qui prend du temps

Une citation que vous retrouverez souvent sur internet le dit très clairement :

"Le networking, ce n'est pas de la chasse, c'est de l'élevage."

LE NETWORKING

Ne vous attendez pas à voir les effets de votre stratégie de networking dès les premiers jours ou les premières semaines. **Il faudra du temps**, parfois plusieurs mois, voire plusieurs années, pour que votre stratégie soit vraiment payante. Et c'est normal, la confiance nécessaire pour confier une mission ou un emploi ne s'acquiert pas en un message et deux articles partagés sur les réseaux sociaux.

*Soyez donc **patient, structuré** et **tenace**. Ce que vous construisez aujourd'hui vous aidera demain ! Surtout, ne brûlez pas les étapes et pensez long terme !*

Une démarche parfois gênante

Ce qui pourra également vous freiner dans votre démarche, c'est l'impression que vous êtes dans une démarche intéressée, que cela n'est pas sincère et que vous profitez des autres. C'est **tout à fait naturel** de ressentir cela.

*En effet, dans cette démarche, vous avez bien des **objectifs** en tête et votre réseau doit pouvoir vous aider à les atteindre.*

Néanmoins, soyez **sincère** et **authentique**. Tant que vous apportez de la valeur à votre réseau, que vous partagez, que vous échangez, alors vous n'êtes pas dans une relation à sens unique, et vous n'avez aucun scrupule à avoir.

*Le networking est une démarche à double sens. Vous **prenez** à vos contacts (des conseils, des contacts, des opportunités...), mais vous allez également leur **apporter** énormément, rendant vos demandes **totalement légitimes**. Et ils le feront avec plaisir... de la même manière que vous-même les aiderez avec plaisir !*

Comme le dit Reid Hoffman, fondateur de PayPal ou encore de LinkedIn et investisseur dans de nombreuses start-up :

"Votre réseau se compose des personnes qui veulent vous aider et que vous voulez aider, et cela est puissant."

Ce n'est pas une démarche mercantile, n'ayez donc pas peur de gêner. Au contraire, soyez **ouvert** et **curieux** pour que cet échange soit aussi profitable que possible aux deux parties.

Ce cours est fait pour cela : vous donner les clés pour pouvoir bénéficier de tous les avantages du networking sans ressentir aucune limite ou contrainte. Et vous l'avez compris, ces avantages sont énormes sur le plan professionnel.

Prenez votre temps, soyez **authentique** et **stratégique**, à l'écoute de votre réseau, et apprenez à demander au bon moment pour réussir.

En résumé

● Networker, c'est construire un réseau de personnes liées à vos secteurs d'activité ou passions, pour échanger et se créer des opportunités professionnelles.

● Réseauter, c'est indispensable pour vous créer des opportunités, échanger, apprendre de nouvelles compétences, vous tenir au courant de l'actualité de votre secteur.

● Vous êtes timide, vous pensez manquer de temps ou vous avez peur qu'on vous croie dans une démarche intéressée ? Ce cours est là pour lever vos freins.

Chapitre II

Clarifiez vos objectifs

Construire votre réseau est important, vous l'avez compris. Mais vous vous demandez sûrement par où commencer.

Devez-vous vous lancer tout de suite et envoyer des **invitations** sur LinkedIn ? Commencer à **networker** à un événement qui a lieu le weekend prochain ? Contacter un ancien camarade de classe pour lui parler d'un projet qui devrait l'intéresser ? Non, là ne sont pas vos priorités.

Afin de savoir laquelle de ces actions (ou d'autres) est la plus adaptée et la plus importante pour vous, vous devez faire une pause et vous poser les bonnes questions. Et la première, qui guidera toute votre stratégie de networking, est de comprendre ce que vous voulez faire et ce que vous voulez **tirer** de votre réseau.

Vous devez donc commencer par vous fixer des **objectifs clairs**.

Fixez-vous des objectifs clairs

C'est un réflexe de vouloir trouver tout de suite des **solutions** et les mettre en place. Vous l'avez sûrement déjà expérimenté. Par exemple, si un ami vous dit qu'il veut maigrir, vous allez tout de suite lui dire de faire du sport, sans **analyser l'ensemble du problème** et les autres solutions possibles.

Pour le networking, c'est pareil. Si vous ne savez pas pourquoi vous le faites, vous ne verrez pas toutes les options que vous pouvez **explorer** et votre approche sera laborieuse et inefficace.

Enfin, si vous ne savez pas précisément ce que vous souhaitez accomplir, vous allez networker avec des personnes qui ne sont pas pertinentes, cherchant la **quantité** plutôt que la **qualité**. Vous perdrez un temps précieux que vous n'investirez pas dans la réalisation.

Projetez-vous dans le court terme, le moyen terme et le long terme

Vous l'avez compris, le networking est une stratégie à **long terme** ; pouvoir vous projeter est donc essentiel. Néanmoins, si vos **objectifs** à plus court terme sont clairs, votre réseau peut également vous aider à progresser rapidement. Définissez-les clairement.

Court terme

Vos priorités professionnelles des prochaines semaines et des prochains mois : trouver un stage ou un emploi, avoir une augmentation, trouver un partenaire ou un investisseur pour lancer votre projet...

> *Notez que ces objectifs peuvent constituer des étapes dans une stratégie à plus long terme. Diviser un objectif ambitieux en **tâches précises** plus simples à accomplir vous permet de rester focus et motivé.*

Pour vous aider à les réaliser, vous aurez besoin d'avoir dans votre réseau essentiellement des proches ou personnes liées à votre secteur d'activité : collègues, responsables de votre entreprise, recruteurs...

Long terme

Il s'agit de vos ambitions de vie de manière plus vaste, dans les 10 prochaines années et au-delà. Ce sont vos **motivations,** vos **passions,** vos **ambitions** qui vont vous aider à les formuler. Selon les résultats de cette vision, vous travaillerez sûrement votre réseau très différemment.

Par exemple, si vous souhaitez changer de métier ou de secteur professionnel, vous chercherez à networker avec des personnes ayant ces profils. Si vous souhaitez créer votre entreprise, vous chercherez plutôt des profils similaires à celui que vous aimeriez avoir à long terme.

Moyen terme

Ce sont tous les objectifs intermédiaires pour passer de votre vision court terme à celle long terme, toutes les **étapes** par lesquelles vous allez passer et qui vous permettront de **confirmer** ou de **réorienter** votre projet professionnel.

En termes de réseau, il peut s'agir des contacts intermédiaires par lesquels vous allez passer pour contacter les personnes qui pourront vous aider dans un projet plus long terme.

*Par exemple, si vous souhaitez bénéficier des **conseils** d'un très grand chef d'entreprise pour monter la vôtre, vos objectifs intermédiaires pourraient être de rencontrer d'autres personnes de l'entreprise et de son **cercle d'influence** pour que cette rencontre soit par la suite possible.*

Par exemple, monter votre start-up tech est un objectif long terme qui va vous demander de passer par un certain nombre **d'étapes**, à court ou moyen terme.

Trouver LA bonne idée, la tester auprès de votre réseau, démissionner de votre poste actuel, trouver des partenaires pour vous accompagner dans cette aventure seront des objectifs court terme qui vous emmèneront vers cette start-up.

À moyen terme, vous devrez réaliser un business plan, trouver des investisseurs, créer vos premiers prototypes... Si votre objectif premier reste long terme, vous devrez néanmoins passer par un certain nombre d'étapes, à court ou moyen terme.

Pour vous aider à construire vos objectifs, n'hésitez pas à utiliser la **méthode SMART** (vous fixer des objectifs Spécifiques, Mesurables, Atteignables, Réalistes et Temporellement définis).

Exemples d'objectif SMART appliqués à votre stratégie de networking :

- Entrer en contact avec un créateur de start-up dans le secteur bancaire avant la fin du mois

- Identifier 3 personnes pouvant me mettre en relation avec quelqu'un de l'entreprise X avant la fin de la semaine

- Atteindre le nombre de 500 relations LinkedIn qualifiées dans les 6 mois

Définissez vos "personas"

Une fois que vous avez clarifié ces objectifs, vous allez pouvoir définir précisément les personnes que votre réseau doit compter pour les atteindre. Prenez en compte toutes les dimensions possibles pour essayer d'affiner le **portrait type** des personnes qui pourraient avoir un impact dans la réalisation de vos objectifs.

*Comme un enquêteur, cherchez à bâtir le **portrait-robot** de ces personnes, vous saurez ainsi plus facilement où et comment les chercher.*

Géographie

Votre projet a-t-il une dimension internationale ou au contraire est-il ancré dans un territoire local ? Selon votre réponse, vous saurez plus facilement sur quel plan développer votre réseau.

Séniorité

*Avez-vous besoin de l'expérience de personnes ayant des fonctions élevées dans l'entreprise, et peut-être plus difficiles à contacter ? Avez-vous besoin d'un réseau plus **réactif** et plus **connecté** qui aura peut-être moins d'expérience ?*

Déterminez le niveau d'expérience nécessaire pour atteindre vos objectifs. Il y a de grandes chances pour que celui-ci soit plus élevé pour vos objectifs à long terme.

Entreprises et secteurs d'activité

Ciblez-vous une entreprise en particulier ou un secteur d'activité ? Si c'est le cas, vous chercherez forcément à avoir dans votre réseau des personnes qui peuvent vous aider à atteindre ces objectifs.

Postes

Si au contraire vous ciblez plutôt des **responsabilités** précises, vous allez chercher à vous connecter à des personnes qui pourront vous aider à mieux comprendre ces postes et qui pourront vous aider à networker avec des personnes aux **fonctions** similaires.

Si ces 4 filtres sont les plus importants de manière générale, vous pouvez bien entendu en ajouter d'autres, parfois plus personnels : passions similaires, études en commun, taille du réseau établi, associations fréquentées...

> *Lorsque vous aurez la possibilité d'entrer en contact avec quelqu'un, vous regarderez son profil via le prisme de ces critères pour le qualifier et décider ou non de donner suite.*

Afin de vous aider à utiliser ces critères, je vous recommande de créer 3 à 4 "**personas**" qui vous serviront d'outil d'aide à la décision.

> *Les personas sont généralement utilisés en marketing pour cibler les bons profils de consommateur. Il s'agit de définir des* **cibles types** *en cumulant un certain nombre de critères.*

Vous imaginez ainsi à quoi ressemblent les contacts idéaux pour vous aider à progresser vers vos objectifs. Vous créez des personnes fictives idéales et pouvez facilement savoir si les contacts que vous avez correspondent ou non à ces profils.

Reprenons, par exemple, le projet de monter votre start-up tech dont nous avons détaillé plusieurs étapes précédemment. Voici un persona que vous pourriez créer :

Denis, 40 ans, a créé sa start-up dans le digital il y a 5 ans. S'est installé en région parisienne. Passionné de nouvelles technologies et d'intelligence artificielle. Travaille avec Microsoft et Google aux États-Unis. Connaît personnellement Jeff Bezos. Toujours en déplacement, il est essentiellement sur son mobile ou sa tablette...

Soyez aussi **précis** que possible, donnez une véritable identité à vos personas idéaux. Toutes ces informations vous aideront en outre à savoir où, comment et quand contacter ces profils types.

Denis, par exemple, est toujours en mobilité ; vous pourrez sûrement facilement le contacter via les réseaux sociaux avec un message très court plutôt que dans les bureaux de son entreprise ou avec un e-mail qui explique en détail qui vous êtes, ce que vous faites et ce que vous attendez de lui.

*Quels que soient vos objectifs et les personas que vous avez établis, gardez en tête que votre réseau, s'il doit vous aider à avancer, doit aussi vous aider à garder une certaine **ouverture d'esprit**.*

Refuser systématiquement tous les profils qui ne correspondent pas à vos personas n'est pas une bonne approche. En effet, si un bon réseau se construit autour de vos objectifs, avoir des personnes qui apportent des choses différentes est un véritable atout.

En résumé

- Fonctionnez par étapes : définissez vos objectifs clairs, à court, moyen et long terme.

- Choisissez les personnes essentielles pour vous aider à y parvenir.

- Restez ouvert : des contacts a priori plus éloignés de vos critères pourraient vous surprendre !

Chapitre III

Analysez vos réseaux actuels

Vous savez où vous voulez aller, et vous savez quels sont les profils qui peuvent vous y aider. Il est temps maintenant de regarder d'où vous partez précisément afin d'évaluer le travail qu'il vous reste à faire pour développer le bon réseau.

Cette étape du processus pourra sembler longue et fastidieuse. Néanmoins, elle est essentielle pour avoir une vision complète de vos réseaux et savoir comment avancer. Rappelez-vous, c'est une démarche sur le long terme, il est donc normal d'y investir du temps !

Faites le tour des réseaux auxquels vous appartenez

Vous allez démarrer par une vision très **macro** de votre écosystème de réseaux. C'est seulement dans un second temps que vous pourrez zoomer sur chacun.

Ouvrez un tableur (Excel ou Google Sheet, au choix) et créez un tableau de 6 colonnes.

- Dans la première ajoutez "**réseau**", puis "**taille du réseau**", "**connaissance du réseau**" (à quel point connaissez-vous de manière générale les personnes qui le composent ?), "**implication dans le réseau**" (à quel point êtes-vous actif dans ce réseau, vous y investissez-vous du temps de manière régulière ?), "**intérêt du réseau par rapport à vos objectifs**" (pouvez-vous vous reposer sur les personnes qui composent ce réseau pour les atteindre ?) et enfin "**moyen de contact**". Pour chaque colonne, vous utiliserez une échelle entre 0 et 10 pour qualifier le critère (sauf pour la dernière, qui est plus un outil d'aide à l'action).

● Passez ensuite chacun de vos réseaux à la loupe pour essayer de lui **donner une note** et de mieux comprendre vos réseaux d'influence. N'oubliez aucun réseau, soyez aussi complet que possible. Il s'agit d'un travail assez subjectif, même si certains réseaux vous donnent accès à des statistiques assez détaillées. Donnez ces scores de manière naturelle, puis relisez pour affiner les scores entre les réseaux.

Par exemple, vous pourriez aboutir à ce type de tableau :

Réseau	Taille	Connaissance	Implication	Intérêt objectifs	VS	Contact
LinkedIn	8	6	10	8		Messages, mentions...
Facebook	5	9	4	5		Messages, mentions...
Famille	2	10	9	3		Tél, e-mails
Entreprise	4	7	7	10		Tél,e-mails, RDV
Anciens élèves	10	3	2	8		Annuaire des anciens

Ajoutez tous les réseaux sociaux sur lesquels vous avez une présence active, ainsi que tous les groupes auxquels vous appartenez, famille, voisinage, associations, groupements politiques ou syndicats...

Une fois ces scores établis et revus, vous pourrez créer un diagramme qui vous permettra d'avoir une vue globale et simplifiée de vos réseaux actuels :

LE NETWORKING

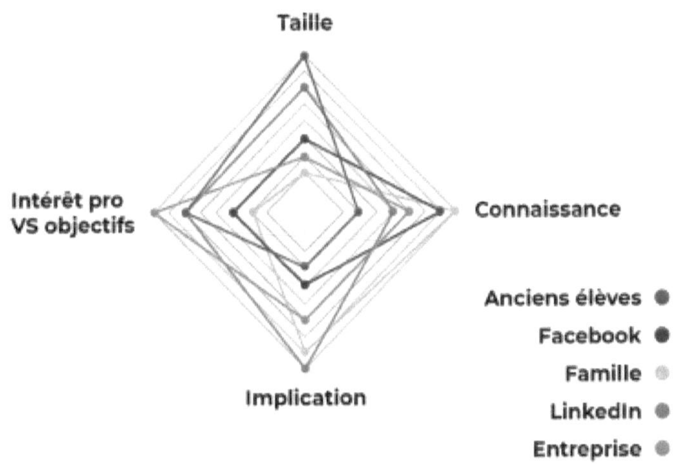

La représentation de vos réseaux

L'objectif de cette première étape est tout simplement de voir quelles sont les **forces** et **faiblesses** de vos différents réseaux, pour prioriser des actions globales dans votre stratégie de networking.

Vous avez peut-être déjà vu ce type de graphique dans certains jeux vidéos où il permet de comparer deux personnages pour sélectionner celui qui sera le plus intéressant. Ici, c'est exactement le même principe. Cette représentation vous permet de comparer les différents réseaux et de voir comment l'un ou l'autre se démarque.

Vous pouvez réaliser ce type de graphique, dit radar, sur Excel.

*Ici, on voit clairement que le réseau qui est le plus large et le plus intéressant professionnellement est celui que je connais le moins et où je suis le moins impliqué. Démarrer ma **stratégie*** *de networking par ce réseau peut donc sembler intéressant. LinkedIn semble (sans grande surprise !) être l'un de mes points forts, je sais que je pourrais capitaliser sur ce dernier et continuer à y investir du temps.*

Cette visualisation simple et rapide de vos réseaux va donc vous permettre d'avoir une vision plus claire de vos réseaux actuels et de commencer à poser les premières pierres de votre stratégie. Une fois ce travail macro fait, il est temps de zoomer sur certains contacts et réseaux particulièrement pertinents.

Zoomez sur vos contacts

Une fois cet aperçu général acquis, il va vous falloir zoomer sur les différents contacts qui composent vos réseaux.

Là encore, c'est une démarche qui peut vous prendre un certain temps, mais elle vous permettra d'avoir une image précise de vos **ressources actuelles** et de savoir où et comment développer votre réseau. Tout au long de ce travail, gardez bien vos objectifs en tête.

Si vos réseaux sont déjà relativement importants, n'hésitez pas à les **segmenter** selon vos objectifs afin de zoomer là où c'est vraiment pertinent.

*Par exemple, si votre objectif est d'entrer dans une **entreprise ciblée**, commencez par analyser les personnes de votre réseau qui travaillent dans cette entreprise. Idem si votre objectif cible un poste, une profession ou un secteur, commencez là où cette analyse aura le plus de sens.*

Enfin, commencez bien sûr par les réseaux que vous aurez identifiés dans votre analyse précédente comme étant **les plus utiles** à votre démarche.

Là encore, vous allez avoir une approche essentiellement **qualitative**, en positionnant vos contacts sur deux axes :

- Pertinence par rapport à vos objectifs
- Degré de connaissance actuel de la personne

Afin de vous aider dans cette qualification, vous allez utiliser vos **personas**. Vérifiez à quel point le contact que vous regardez colle ou non avec un ou plusieurs des personas que vous aurez identifiés afin là encore de pouvoir le scorer sur 10.

*N'hésitez pas à regarder le profil de la personne sur les **médias sociaux**, ses connexions, son actualité, son activité... pour vous aider à le qualifier.*

Pour ce qui est du **degré de connaissance**, vous mettrez également une note (estimative bien sûr) entre 0 et 10. Pour être vraiment complet, prenez en compte votre appartenance à des réseaux similaires ou des points communs que vous pourriez avoir.

Par exemple, une personne qui travaille dans votre entreprise et que vous savez fan de football, comme vous, ne doit pas être considérée comme un complet inconnu, même si vous n'avez jamais échangé, car des **liens** relativement forts vous rapprochent.

Une fois ce travail fait, cartographiez les contacts pour obtenir un graphique du type ci-dessous, pour avoir un aperçu très visuel de votre réseau. Ciblez cette représentation selon vos objectifs (entreprise, secteur d'activité...) comme dans cet exemple :

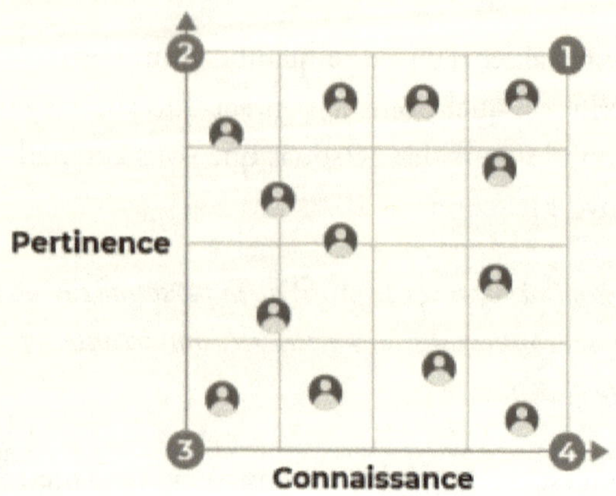

La cartographie de vos contacts

Vous voyez ici les contacts distingués selon les deux axes de votre degré de connaissance de la personne, et de sa pertinence par rapport aux objectifs. Il en découle 4 catégories de contacts.

Cela vous permet de **visualiser** très rapidement les contacts les plus intéressants et de décider rapidement de votre stratégie en fonction des différentes populations :

1. Des personnes très intéressantes, que vous connaissez bien : votre objectif sera de vous assurer d'être **visible** et **crédible** à leurs yeux, et de leur parler de vos projets. Ces personnes sont aujourd'hui les mieux placées pour vous aider.

2. Des personnes très pertinentes, mais avec qui vous avez une relation encore trop pauvre. Votre objectif sera de vous rendre visible auprès de ces personnes. Vous devrez dans un premier temps **mieux les connaître**, en vous informant auprès de

contacts en commun ou via les réseaux sociaux. Vous obtiendrez ainsi des informations intéressantes pour démarrer une discussion pertinente.

3. Des personnes que vous connaissez bien, mais qui ne peuvent pas avoir d'impact sur votre projet. Assurez-vous que vous maintenez une bonne relation avec ces personnes et n'hésitez pas à **solliciter des conseils**, des avis... Gardez un lien, vous ne savez jamais si elles ne seront pas prochainement connectées à des personnes très importantes pour vous !

4. Des personnes que vous connaissez peu ou pas, et qui ne sont pas pertinentes. Soyez dans une **démarche réactive**, n'investissez pas de temps et d'énergie à développer des relations peu intéressantes pour votre projet.

Focalisez-vous sur les membres les plus pertinents

Maintenant que vous avez priorisé vos différents réseaux ainsi que les différents contacts dans ces réseaux, il est temps d'ajouter la touche finale à votre travail d'analyse de votre réseau actuel.

Nous avons procédé par zoom progressif, nous sommes désormais au plus proche des contacts que vous avez sélectionnés lors de l'étape précédente. Il est maintenant temps de **renseigner des fiches** sur les différentes personnes qui composent votre réseau, afin de ne pas oublier des **détails importants** et de pouvoir étendre ces relations.

Ce fichier ne doit surtout pas vous servir comme une base de données que vous allez ensuite utiliser dans une démarche commerciale, n'oubliez pas que cela est illégal !

Dans un fichier tableur ou texte, écrivez quelques lignes sur les personnes que vous aurez sélectionnées. La manière dont vous êtes entrés en relation, le ou les endroits où vous vous êtes rencontrés, des points communs, des informations que cette personne a partagées, la raison pour laquelle vous pensez qu'elle est intéressante dans le cadre de votre projet...

Ces fiches rapides vous permettront, lorsque vous échangerez avec cette personne en ligne, ou si vous préparez un événement où vous risquez de la rencontrer, d'être plus percutant et mémorable, et de créer des relations fortes, de confiance.

Avec le temps, ces fiches ne vous seront plus nécessaires, elles vous servent simplement de pense-bête pour démarrer. Elles ne doivent rien enlever au naturel de vos relations.

En résumé

● Faire le tour de vos réseaux actuels, zoomer sur vos contacts, vous focaliser sur les plus pertinents : vous avez maintenant une vision claire des forces de votre réseau et de son enrichissement à mener pour atteindre vos objectifs.

● Ces trois étapes vous permettront aussi de comprendre dans quel(s) réseau(x) se trouvent vos potentiels mentors.

Chapitre IV

Appuyez-vous sur des mentors

Vous l'avez compris, networker, c'est **créer un lien** avec des personnes qui pourront avoir un impact sur vos objectifs personnels et professionnels, à différents niveaux. Parmi ces personnes, il y en a une (ou plusieurs, c'est selon) qui pourra être amenée à jouer un rôle particulier. Focus sur le rôle de "**mentor**".

Un mentor, c'est quoi ?

Pour faire simple, un mentor est quelqu'un qui va avoir un impact sur votre carrière et/ou votre vie personnelle. Cela peut se faire de différentes façons, mais ce sera toujours quelqu'un qui vous inspirera pour vous **aider à avancer**.

> *Le mentor ne fera pas les choses à votre place, mais il vous aidera à trouver la bonne direction, à vous poser les bonnes questions et s'assurera que vous prenez des décisions cohérentes pour atteindre les objectifs que vous aurez définis ensemble.*

Un mentor n'est ni un coach ni un manager. Dans une relation avec un coach, il n'y a quasiment qu'une notion d'**apprentissage**, de transfert de **connaissances** et de **compétences**, ce qui est trop limitatif. Votre relation avec un mentor doit aller plus loin.

De plus, lorsque l'on parle de coaching, il y a souvent une transaction commerciale derrière. En aucun cas, une relation avec un mentor ne doit impliquer une compensation financière.

Votre manager n'est pas non plus un bon mentor. S'il va souvent vous guider dans votre carrière et partager des **conseils** et **bonnes pratiques**, le rapport hiérarchique va limiter ses possibilités.

De plus, votre rapport sera souvent essentiellement focalisé sur votre poste ou votre entreprise, alors qu'un mentor doit vous aider à voir plus loin et à explorer toutes les possibilités et opportunités.

Un mentor, pour quoi faire ?

Votre ou vos mentors doivent pouvoir vous aider sur quatre points principaux.

Vous mettre en relation avec les bonnes personnes

Puisque nous sommes dans un cours sur le networking, commençons par ce point. Votre mentor doit être quelqu'un de bien **connecté dans l'écosystème** qui vous intéresse, et qui sera prêt à vous faire bénéficier de ses connexions. Il vous aidera à networker avec les bonnes personnes et à étendre votre réseau là où cela est pertinent.

Vous transmettre le bon état d'esprit et vous inspirer à l'action

Dans le cadre de recherches d'emploi ou d'opportunités professionnelles, avoir un état d'esprit positif compte parfois autant qu'avoir les bonnes compétences. Un mentor doit vous aider à acquérir cet état d'esprit et à **augmenter la confiance** que vous avez en vous pour passer à l'action dans de bonnes conditions.

Vous transmettre des compétences

Un mentor est généralement une personne qui a réussi dans la branche ou le poste que vous visez. Il sera donc plus à même de vous indiquer quelles sont les **compétences** et les **connaissances** qui lui ont été les plus utiles pour sa carrière. Vous pourrez ainsi vous focaliser sur celles-ci et apprendre de son expérience personnelle.

Il pourra également vous conseiller des livres, cours, vidéos, etc., qui ont eu un impact sur son parcours ; vous pourrez, pourquoi pas, en débattre ensemble.

Votre mentor vous aidera à acquérir de nouvelles compétences !

Avoir un point de vue externe

Ne faisant pas partie de votre organisation ni de votre cercle d'amis ou de connaissances proches, votre mentor sera à même de vous apporter un **regard différent** sur les sujets que vous lui présenterez. Plus objectif, car non influencé par certains biais, il pourra ainsi véritablement vous aider à progresser, à vous challenger et à vous remettre en question.

Mentor actif et mentor passif ?

On distingue généralement deux types de mentorat : actif et passif.

Mentorat passif

*Le mentor passif est en réalité quelqu'un que vous **ne connaissez pas personnellement**, mais qui va vous inspirer par ses publications, articles, livres, discours, vidéos... Il y en a de nombreux, plus ou moins connus, sur des thématiques très génériques ou sur des sujets plus précis.*

Pour bénéficier de leurs meilleurs conseils, votre premier travail sera de les identifier, puis d'identifier les plateformes et réseaux sur lesquels ils communiquent (podcasts, vidéos, livres, conférences...) et de suivre leurs publications avec assiduité.

Vous remarquerez que, même sur ce type de mentorat, vous acquerrez de nouvelles compétences, vous serez inspiré pour passer à l'action et vous découvrirez de nouvelles personnes.

Un excellent exemple de cela est l'auteur Tim Ferriss. Après plusieurs livres, de nombreux podcasts, vidéos et conférences, il a publié fin 2016 "Tools of Titans" ("Les outils des titans", en français) dans lequel plusieurs dizaines de chefs d'entreprises, auteurs, célébrités, sportifs, etc., partagent leurs conseils pour être plus performant.

Mentorat actif

*Un mentor actif est, vous l'aurez compris, une personne avec qui vous aurez **une relation directe**. Quelqu'un que vous connaissez, qui vous connaît, qui a accepté de jouer ce rôle et avec qui vous échangerez régulièrement.*

Notez que vous pouvez avoir **plusieurs mentors** actifs en même temps, qui vont vous accompagner sur des aspects différents de vos projets.

*Attention néanmoins à **ne pas vouloir en avoir trop**, vous risqueriez de passer moins de temps avec chacun et donc de ne* *pas entretenir des relations de qualité, ce qui est l'objectif dans votre stratégie de networking. Dans une relation de mentorat actif, vous devez aussi **apporter de la valeur** à la relation pour l'entretenir ; avec trop de mentors, cela est compliqué.*

Comment trouver un bon mentor (actif), pour moi ?

• Tout d'abord, définissez précisément la partie de votre projet sur laquelle vous souhaitez être accompagné ainsi que le champ d'action que vous proposerez à votre mentor.

• Faites ensuite des **recherches**, lors d'événements ou via les réseaux sociaux, notamment pour identifier des profils intéressants. Référez-vous, pourquoi pas, à vos personas. Un bon mentor sera en général **quelqu'un qui a réussi** là où vous souhaitez aller. Isolez les profils identifiés et validez qu'ils sont pertinents, avec un ordre de préférence, par exemple.

• **Contactez** la ou les personnes identifiées. N'ayez pas peur de formuler clairement votre demande et de vous lancer, même si vous ne connaissez pas la personne. Expliquez le "pourquoi" de votre démarche et les raisons qui vous poussent à penser que cette relation pourrait être intéressante.

• Validez la relation en **discutant avec la personne**. C'est un moment essentiel. Si vous avez une réponse positive, ne considérez pas que vous avez un mentor avant d'avoir échangé avec lui. Lors de cet échange, validez l'engagement de votre interlocuteur, le temps qu'il pourra vous consacrer, ses compétences réelles sur les sujets qui vous intéressent, la manière et la régularité avec laquelle vous allez échanger et surtout **ses valeurs**, dans lesquelles vous devez vous retrouver... Balisez bien la relation pour éviter d'être déçu par la suite.

• Laissez ensuite la relation se développer en envoyant régulièrement des nouvelles ou des demandes à votre mentor. Selon ses réponses, vous saurez très rapidement si vous avez fait le bon choix et si la relation avec cette personne de votre réseau deviendra ou non une vraie relation mentor-mentoré.

Reverse mentoring ?

Depuis plusieurs années, et la généralisation de cette notion de mentoring, un autre concept a émergé, celui de "**reverse mentoring**".

*Dans cette relation, une **personne expérimentée**, souvent à un rôle important dans une société, va bénéficier des conseils de personnes plus jeunes, souvent étudiants ou jeunes professionnels.*

C'est surtout l'émergence du digital qui a contribué à l'apparition de ce concept. Très souvent, des dirigeants d'entreprise, peu formés aux nouvelles technologies, vont être accompagnés par de jeunes professionnels qui vont partager avec eux les bons usages sur les médias sociaux, par exemple.

Quel que soit votre âge et votre expérience, vous pouvez donc faire appel à un mentor, et pourquoi pas **devenir mentor** vous-même. Comme pour n'importe quelle relation dans votre stratégie de networking, la relation avec un mentor se fera sur la base de l'**échange** et du **partage**.

En résumé

- Choisir un (ou plusieurs) mentor(s), c'est bénéficier d'une vision et d'une expérience inspirante pour vous aider à avancer.

- Actif ou passif, le mentor représente un avantage essentiel pour vous aider à réaliser vos objectifs..

Partie 2 - Préparez vos outils de networking et lancez-vous

Chapitre V

Vérifiez vos outils actuels

Vous allez bientôt pouvoir commencer à networker efficacement. Mais avant cela, il reste encore quelques détails "techniques" à régler.

*Quelles que soient les actions que vous allez prendre dans votre stratégie, vous allez devenir **plus visible** auprès des personnes qui vous intéressent. Afin qu'elles aient envie de donner suite, vous devez faire "**bonne impression**", et pour cela, tout doit être prêt et aligné.*

Imaginez que vous rencontriez quelqu'un que vous avez ciblé, lors d'un événement. Vous avez bien fait votre travail en amont, vous savez donc ce qui intéresse cette personne, et comment vous adresser à elle.

Comme vous savez que vous devez rapidement **capter son attention**, vous en rajoutez un peu. Vos 3 ans d'activité dans le social média deviennent 10 ans, et de community manager, vous passez à directeur de la stratégie digitale. Une fois rentré dans son bureau, et impatient de continuer la discussion avec vous, cette personne vous retrouve sur internet et découvre votre "vrai" profil.

Pensez-vous que cette relation soit faite pour durer ?

De même, imaginez que vous envoyiez une demande à un directeur du marketing digital en lui expliquant que vous voulez travailler dans cette branche et que vous aimeriez avoir son sentiment sur les dernières tendances. Si votre profil LinkedIn explique que vous êtes actuellement étudiant en ressources humaines, il y a peu de chance pour que cette demande soit prise au sérieux à cause du décalage évident.

Il faut donc vous assurer que cela n'arrive pas. Vous n'avez peut-être pas eu le temps de travailler en profondeur votre marque professionnelle.

Pas d'inquiétude. Quelques actions rapides, mais efficaces, peuvent vous permettre de vous assurer une **image optimale**, notamment sur internet et les réseaux sociaux. Voici comment, en quelques étapes simples.

Définissez clairement l'image que vous souhaitez transmettre

Selon les objectifs que vous vous êtes fixés et les profils avec lesquels vous souhaitez networker, définissez les informations qui doivent ressortir de votre profil. Faites une liste d'une dizaine de **mots-clés**, **compétences** techniques, mais aussi **traits de caractère** et qualités humaines.

> *Soyez **authentique** dans cet exercice. Ne décidez pas qu'un trait de caractère doit ressortir parce qu'il serait bon pour votre profil s'il ne vous correspond pas réellement. Idem pour une compétence que vous ne maîtrisez pas. Cela se verra forcément à un moment ou à un autre et pourrait endommager les relations que vous aurez construites.*

Vérifiez la manière dont vous apparaissez aujourd'hui

Faites ce que feront les personnes avec qui vous allez networker : **cherchez votre nom** dans les moteurs de recherche. N'hésitez pas à ajouter certains mots-clés (entreprise, école, réseau...) afin de ne manquer aucun résultat.

De la même manière, regardez aussi bien les résultats web qu'**image**, **vidéo** et éventuellement **actualité**. Pas la peine d'aller très loin dans les pages de résultats, concentrez-vous sur les deux premières pages, et surtout la première, puisque beaucoup ne la passeront pas.

Refaites cette action tous les 3 à 6 mois afin de voir comment les résultats évoluent. Les algorithmes changent régulièrement et une information cachée pourrait remonter à la surface, mettant en péril tous vos efforts.

Comparez les **résultats de recherche** avec les **mots-clés** que vous avez définis en amont. Si les deux sont alignés, bravo, vous n'avez qu'à maintenir cela. Si ce n'est pas le cas, pas de panique, quelques actions rapides peuvent vous aider à y remédier.

Supprimez ce qui est trop éloigné ou pourrait vous nuire

Vous trouverez sûrement, durant cette recherche, des **profils sociaux** que vous **n'utilisez plus,** voire n'avez jamais utilisés. À moins que vous y ayez développé un réseau qui correspond à vos objectifs, n'hésitez pas, **supprimez-les.**

De la même manière, si vous avez donné des avis trop négatifs, que vous avez posté des images ou commentaires déplacés qui pourraient **nuire à votre image**, masquez-les, ou supprimez-les définitivement.

Si d'autres personnes ont publié des choses à votre sujet (sur un blog, un site d'information...) qui vont à l'encontre de votre stratégie, demandez-leur de les retirer. Dans le pire des cas, tournez-vous vers la CNIL qui pourra agir.

Protégez vos espaces privés

Certains réseaux resteront peut-être hors de votre stratégie de networking. Votre avatar sur une plateforme de gaming en ligne, votre profil d'artiste sur SoundCloud, voire tout simplement votre profil Facebook, par exemple. Si c'est le cas, assurez-vous de **paramétrer** vos **préférences de confidentialité** pour que tout ce que vous y partagez et échangez n'apparaisse pas dans les résultats de recherche.

Protégez vos espaces privés avec les paramètres de confidentialité

Optimisez les espaces où vous devez être

Une fois que vous avez pris les bonnes actions pour éviter au maximum la remontée d'informations que vous ne souhaitez pas voir apparaître dans les résultats de recherche, il est temps de penser maintenant aux informations que vous souhaitez y retrouver ! Vous vous focaliserez bien entendu sur les **espaces** que vous aurez identifiés comme **les plus pertinents** pour vous dans le chapitre 1.3.

Connectez-vous aux différents profils et médias que vous allez utiliser pour networker et optimisez-les pour qu'ils correspondent au mieux aux critères que vous avez définis en première étape.

Assurez-vous également qu'ils soient **conformes à la réalité** (n'exagérez rien !), actualisés et alignés. Choisissez par exemple une photo de profil récente, qui vous met en valeur et que vous utiliserez sur les différents espaces.

*Si cela est pertinent, n'hésitez pas à **créer des liens** entre les différents espaces pour vous assurer que les personnes qui*

rejoindront l'un de vos réseaux pourront également aller plus loin, renforçant ainsi le lien que vous viendrez de créer.

Par exemple, si l'on reprend l'analyse faite dans les chapitres précédents, la priorité sera de m'assurer que mon profil dans l'annuaire des anciens est bien à jour, a les bonnes informations de contact et renvoie vers mes profils professionnels, LinkedIn et Twitter en priorité (eux-mêmes à jour !).

J'enverrai donc ces informations aux responsables et suivrai la mise à jour de mon profil en ligne, et lors de la parution du prochain annuaire physique.

Vérifiez et optimisez également vos outils "offline"

Dans votre stratégie de networking, vous inclurez sûrement des actions **en présentiel** (participation à un événement, à une conférence... nous y reviendrons). Pour ces situations, d'autres outils vont venir compléter ceux que vous aurez déployés online.

Là encore, il faudra vous assurer que ces outils sont à jour et alignés avec votre présence digitale :

- **Carte de visite :** professionnelle, avec lien vers un ou deux profils sociaux pertinents et informations de contact à jour.

- **CV :** peut s'avérer utile si vous souhaitez qu'un contact vous mette en relation avec un recruteur que vous avez identifié, par exemple. Là encore, il doit être à jour et reprendre les mêmes informations que sur vos profils professionnels.

- **Votre style :** cela peut sembler bête, mais si vous avez les cheveux longs et que sur tous vos profils ils sont courts, cela peut être source de confusion.

● **Votre manière de vous exprimer :** si vous parlez un langage courant durant l'événement et que votre présence digitale utilise un champ lexical plus soutenu, là encore, le décalage peut être déstabilisant.

En résumé

● Présentez-vous sous votre meilleur jour. Online ou offline, vérifiez et actualisez votre image et vos messages en fonction de vos objectifs.

● LinkedIn est la principale vitrine professionnelle, carrefour central de votre stratégie de networking.

Chapitre VI

Soignez votre présence sur LinkedIn

L'un de vos outils clés, que vous allez devoir optimiser pour en tirer le meilleur, sera votre présence sur **LinkedIn.**

Avec plus de 560 millions de membres en 2018 (statistiques à jour ici) dont plus de 17 millions en France, 2 nouveaux membres par seconde et des milliards d'échanges et de partages d'informations, c'est une **plateforme indispensable** pour vous rendre visible et crédible, et construire votre réseau. Voici comment en tirer le meilleur.

Pensez-le comme une vitrine. Si elle est **attractive** et donne envie d'entrer dans votre univers (votre magasin), vous augmenterez votre capacité à construire un réseau de qualité. Votre profil doit aller bien plus loin qu'un simple CV. Il doit **valoriser vos expériences** en insistant sur la valeur que vous ajoutez à vos contacts, et la manière dont vous allez pouvoir les aider.

Repensez aux objectifs que vous avez fixés tout au début de ce cours. Repensez également aux **mots-clés** que vous avez identifiés dans le chapitre précédent. Tout cela doit ressortir très clairement à la lecture de votre profil.

Compétences, expériences, études, résumé, titre, etc., doivent démontrer clairement ce que sera une relation professionnelle avec vous. Ajoutez-y donc vos mots-clés, ou des synonymes, tout en restant bien sûr fidèle à votre parcours.

Voici les points essentiels à garder en tête :

- **Photo de profil** : professionnelle, qui vous ressemble vraiment (actualisée), où vous êtes seul(e).

- **Visuel de fond** : pour montrer clairement à vos visiteurs l'univers dans lequel ils entrent.

- **Titre** : par défaut, votre poste actuel, à personnaliser pour parler de la valeur que vous proposez à votre réseau.

- **Résumé** : expliquez vos passions, votre parcours professionnel et les attentes que vous avez sur le réseau.

- **Expériences** : partagez les détails concrets de vos réalisations et accomplissements.

- **Compétences** : ajoutez vos compétences clés, recommandez celles de votre réseau, faites-vous recommander.

- **Recommandations** : n'hésitez pas à demander à des contacts avec qui vous avez déjà travaillé d'expliquer en quelques mots la valeur des échanges que vous avez eus.

- **Formation** : pour montrer d'où vous venez, pouvoir exploiter plus facilement le réseau des anciens sur LinkedIn et valoriser au mieux les diplômes en lien avec votre projet.

- **Licences et certifications :** pour valoriser des savoirs et apprentissages développés lors de formations en ligne, par exemple des cours OpenClassrooms.

- **Média** : pour votre résumé, vos expériences ou vos études, ajoutez des vidéos, présentations, liens, qui illustrent ce que vous avez rédigé.

- **Autre** : passions, langues, expériences de bénévolat, projets académiques ou personnels... ajoutez tout ce qui peut vous sembler pertinent pour valoriser vos compétences et votre personnalité et créer des relations fortes avec les personnes qui pourront vous aider à réaliser vos objectifs.

LinkedIn sera un allié de choix dans votre stratégie de networking.

Utilisez les groupes

Vous trouverez sur LinkedIn des **groupes** autour de quasiment toutes les thématiques professionnelles. Il y en a donc forcément au moins un qui correspond à vos objectifs de networking. Cherchez-les dans le moteur de recherche LinkedIn en utilisant des mots-clés et demandez à rejoindre ceux qui semblent les plus pertinents.

> *Privilégiez les groupes où il y a un **grand nombre de membres**, vous avez plus de chances qu'il y ait de l'activité. Votre objectif étant d'élargir votre réseau, plus il y aura de membres, plus vous aurez de potentiel de connexions.*

Une fois que vous avez été accepté dans le groupe, vérifiez les dates des dernières publications et le nombre d'engagements. Si elles remontent à longtemps et/ou qu'il y a peu d'engagements, ce groupe est peu actif et donc pas forcément un bon investissement de votre temps.

Faire partie d'un groupe, c'est aussi la possibilité d'échanger directement avec des membres qui ont attiré votre attention sans même que vous ayez besoin d'être connecté avec eux. Une facilité de contact bien utile... qui ne doit pas vous empêcher de partager ensuite vos réseaux respectifs.

Utilisez les groupes pour :

● Découvrir d'autres membres de LinkedIn qui partagent les mêmes centres d'intérêt, échanger et vous connecter avec eux.

● Partager votre veille ou vos publications auprès d'un public cible, pour gagner en visibilité et en crédibilité.

● Vous tenir informé de l'actualité de secteurs en particulier.

● Demander son avis à une communauté de spécialistes qui pourra vous aider.

Construisez votre fil d'actualité

Bien qu'il soit régi par un algorithme assez complexe, vous pouvez tout de même décider, jusqu'à un certain degré, des informations que vous souhaitez voir dans votre flux d'actualité LinkedIn.

Voici quelques astuces "fil d'actualité" pour vous aider dans votre stratégie de networking :

● **Suivez les personnes avec qui vous souhaitez networker** : vous n'êtes pas obligé d'être connecté avec quelqu'un pour voir ses publications. Vous pouvez tout simplement le "suivre". Faites-le pour certaines personnes clés avec lesquelles vous souhaitez networker. Vous en saurez ainsi plus sur elles et serez plus percutant le jour où vous les rencontrerez, ou lorsque vous les ajouterez à votre réseau LinkedIn.

● **Suivez des influenceurs** : de nombreux leaders d'opinion (politiques, chefs d'entreprise, directeurs de médias...)

partagent régulièrement sur LinkedIn. Suivez ceux qui pourraient être des mentors passifs pour vous et découvrez également avec quels autres professionnels ils interagissent souvent.

• **Suivez des #hashtags** : abonnez-vous aux thématiques qui vous intéressent (votre secteur ou votre poste cible, par exemple) pour découvrir des personnes qui prennent la parole sur ces sujets. Vous vous tenez informé et vous découvrez des personnes avec qui il pourrait être intéressant de networker.

• **Suivez des entreprises** : comme pour les influenceurs, nombreuses sont les entreprises à partager régulièrement du contenu sur LinkedIn. Suivez celles que vous avez identifiées comme intéressantes, restez informé et découvrez des personnes de ces entreprises avec qui vous pourriez networker.

Le fil d'actualité vous donne également l'occasion de communiquer. **Vous aussi êtes intéressant**. Vous aussi avez des choses à dire, des informations pertinentes à partager. Communiquer représente une opportunité unique de susciter la curiosité des membres de LinkedIn, de vous faire repérer, d'asseoir votre crédibilité et de nouer de nouveaux contacts utiles. Rappelons-le, réseauter implique de donner autant que recevoir. Vos communications seront prises comme autant de cadeaux que vous faites à vos cibles.

Voici les trois manières principales de communiquer sur LinkedIn :

Poster :

Vous pouvez diffuser une information, partager un témoignage, proposer vos services pour un emploi, demander un soutien, faire connaître votre état d'esprit... Toute une série de formats d'expression vous sont accessibles aisément. Par écrit, en vidéo, en animation, en photo, en document de plusieurs pages à l'aide du carrousel. Inutile d'être un professionnel de la communication pour vous exprimer. Un court texte bien construit, une photo efficace pour interpeller, et le tour est joué !

Commenter un post :

Donnez votre avis sur un post, interagissez avec son auteur de manière publique, posez lui une question. Vous pourrez susciter l'intérêt et vous faire remarquer positivement. Un simple commentaire de post est plus riche qu'un like et peut créer des opportunités.

> *Comme par exemple, une étudiante qui a décroché son alternance après s'être faite repérer grâce à un simple commentaire d'un post d'un responsable en entreprise. Il n'avait pourtant pas passé d'annonce.*

Partager :

Puisque l'objectif même du réseau est de partager, profitez de LinkedIn pour proposer à vos contacts actuels mais aussi à d'autres personnes des contenus qui vous intéressent. Vous avez lu sur LinkedIn ou sur un site sur lequel vous faites de la veille un article qui vous a passionné ? Partagez-le en expliquant ce qui vous a captivé. Votre réseau sera sans doute ravi de cette information, vous aurez développé votre visibilité et votre image de professionnel en aura profité.

Élargissez votre réseau

Bien sûr, LinkedIn, c'est aussi (et surtout dans le cadre de ce cours !) un outil fantastique pour **élargir votre réseau** et vous connecter à de nouvelles personnes pouvant vous aider à atteindre vos objectifs. Si vous avez suivi toutes les étapes précédentes, vous êtes en bonne position pour faire des demandes de connexion qui seront acceptées, et ainsi élargir votre réseau.

*S'il y a encore quelque temps les demandes étaient quasi systématiquement acceptées, la tendance est désormais à la **sélection de ses contacts**. De plus en plus d'utilisateurs ont pris conscience qu'accepter quelqu'un dans son réseau, c'est partager avec lui un certain nombre d'informations. Beaucoup font désormais plus attention.*

*Ne faites pas de demandes d'ajout en masse. Cela peut amener à un **blocage de votre profil**, surtout si beaucoup des personnes que vous avez ajoutées cliquent sur "je ne connais pas cette personne". Soyez donc sélectif !*

Ne demandez en relation que des personnes que vous connaissez vraiment, avec qui vous partagez quelque chose (relation, groupe, intérêt, entreprise...) ou avec lesquelles vous avez une bonne accroche (parce que vous vous serez renseigné).

Dans tous les cas, **personnalisez** systématiquement votre invitation. Lorsque vous cliquez sur "Se connecter", apparaît la possibilité d'ajouter une note à votre demande. Profitez de cette possibilité, c'est votre première occasion de communiquer avec la personne visée. Prenez le temps de **visiter attentivement** son profil. C'est un bon moyen de lui montrer que vous vous intéressez à cette personne. **Expliquez pourquoi** vous souhaitez entrer en contact avec elle et ce que vous pourrez vous apporter mutuellement. Soyez clair, efficace et concis, vous avez 300 caractères. Ne soyez en aucun cas commercial.

Voici quelques exemples de demandes de partage de réseau :

Exemple d'invitation personnalisée pour une personne avec qui vous avez des connaissances en commun:

"Bonjour M. / Mme {nom}, je vois que nous connaissons tous deux [nom de la personne]. Seriez-vous intéressé(e) à rejoindre mon réseau afin d'échanger autour de nos secteurs d'activité ? En attendant, je vous souhaite une excellente journée."

Exemple d'invitation personnalisée pour un recrutement :

"Bonjour M. / Mme {nom}

En parcourant les postes sur LinkedIn, j'ai remarqué que vous êtes à la recherche de quelqu'un pour un poste de [titre du poste]. Je suis diplômé(e) en [nom de la formation ou diplôme] et à la recherche d'un contrat en [type de contrat]. Pouvons-nous échanger rapidement à propos de ce recrutement ? Je vous en remercie par avance et vous souhaite une excellente journée."

Exemple d'invitation personnalisée pour une personne dont le métier, le parcours ou l'entreprise vous intéresse :

"Bonjour M. / Mme {nom}

Je vois que vous êtes [titre du poste] depuis x années. Je travaille moi-même dans ce métier / je suis actuellement une formation pour devenir [titre du métier de la personne visée]. J'aimerais beaucoup discuter avec vous à ce sujet. Accepteriez-vous de me faire part de vos expériences ? Je vous en remercie par avance et vous souhaite une excellente journée."

Même si la personne vous ajoute sans répondre ni même peut-être lire votre message, celui-ci restera dans vos échanges. Ainsi, si vous **contactez** cette personne même plusieurs mois après, il restera toujours ce premier message et elle se rappellera aisément qui vous êtes et pourquoi donner suite.

Sur mobile, si vous cliquez sur "se connecter", cela envoie directement la demande, sans vous laisser la possibilité de la personnaliser. Pour ce faire, cliquez sur le "Plus..." juste à côté du bouton de connexion et choisissez l'option "Personnaliser l'invitation".

Soyez tout aussi **rigoureux** et **sélectif** pour les demandes entrantes. Filtrez pour ne garder que des personnes avec qui vous allez réellement pouvoir échanger. Si cela n'est pas clair, si vous ne connaissez pas la personne et ne voyez pas ce que vous avez en commun, n'hésitez pas à lui envoyer un message pour confirmer l'intérêt mutuel.

Là encore, ce premier échange restera dans votre historique de messages et vous le retrouverez rapidement lorsque vous rentrerez à nouveau en contact avec cette personne.

Bonus (fonctionnalité premium) : Regardez qui a vu votre profil.

Si vous êtes abonné premium, vous avez la possibilité de voir **qui a vu votre profil** sur les derniers mois. N'hésitez pas à aller voir les profils de ces personnes, et s'ils sont intéressants, à les ajouter à votre réseau en utilisant cette visite comme une raison valable de vous connecter !

En résumé

- Réseau social professionnel numéro un, LinkedIn est indispensable dans votre stratégie réseau.

● Un profil parfaitement élaboré, une activité réseau régulière, une communication efficace : trois ingrédients majeurs pour remplir vos objectifs.

Chapitre VII

Utilisez efficacement la fonction recherche de LinkedIn

LinkedIn est le principal réseau social professionnel. C'est une mine d'informations et autant d'opportunités qui vous seront utiles chaque jour. Pour trouver des clients, pour postuler à une annonce ou repérer une entreprise pour une candidature spontanée, pour obtenir des conseils de la part de professionnels sur un métier, une entreprise, un secteur d'activité. Encore faut-il savoir utiliser au mieux l'outil de recherche de LinkedIn.

Utilisez les différents onglets de recherche

Une simple recherche par mots-clés et LinkedIn vous propose des personnes, des entreprises, des écoles, des groupes, des contenus rédactionnels, des emplois.

Prenons un exemple :

Vous êtes développeur web à Lyon et vous cherchez à élargir votre réseau dans ce domaine.

Tapez "développeur web Lyon" dans la barre de recherche. LinkedIn fait apparaître une multitude de résultats. La quantité c'est bien, mais vous risquez de vous y perdre dans cet océan d'informations. Heureusement LinkedIn a pensé à vous. Une série d'onglets vous sont proposés pour faire le tri et affiner votre recherche :

- **Personnes :** pour sélectionner tous les profils développeur web avec la mention Lyon. LinkedIn vous propose des professionnels en poste en entreprise ou non salariés, d'anciens professionnels, des étudiants en formation.

- **Posts** : pour trouver tous les contenus rédactionnels faisant état de développeur web et de Lyon.

- **Emplois** : pour trouver des offres d'emploi dans ce secteur et cette ville.

- **Groupes** : pour trouver des groupes autour de ce métier et cette ville. Rejoindre des groupes vous donne l'opportunité d'échanger avec vos pairs sur des centres d'intérêt professionnels communs.

- **Entreprises** : pour découvrir des entreprises qui emploient des professionnels de ce domaine à Lyon.

- **Écoles** : pour trouver des écoles qui forment dans ce domaine.

- **Cours** : pour des cours sur le sujet proposé par l'entité formation de LinkedIn, LinkedIn Learning.

- **Événements** : l'occasion de trouver des événements métier ou recrutement.

- **Services** : l'opportunité de repérer des professionnels qui offrent leurs services dans ce domaine....

Un dernier onglet vous donne la possibilité d'aller encore plus loin dans la précision et le tri. L'onglet "**Tous les filtres**". Vous pouvez précisez votre recherche selon de nouveaux critères :

- **Niveau de relation avec vous** : 1er (personnes effectivement dans votre réseau) ; 2e (personnes connectées avec vos contacts de niveau 1) ; 3e (personnes connectées avec les contacts de niveau 2).

● **Lieux :** pour trouver une personne selon la ville ou la région par exemple.

● **Entreprise actuelle ou précédente du contact**

● **École**

● **Secteur d'activité**

● **Langue du profil**

● **Catégories de services**

● **Mots-clés :** prénom, nom, poste, entreprise ou école de la personne recherchée.

Les différents onglets sous la barre de recherche Linkedin
L'utilisation de ces onglets et filtres offre des résultats plus en rapport avec vos attentes. Elle est aussi source de **bonnes surprises**. Vous êtes en recherche d'emploi, d'alternance, de stage ? Soyez attentif à ce qui suit.

Tirez parti de l'onglet "post"

L'habitude de recherche consiste à utiliser l'onglet "emplois" pour trouver les annonces en lien avec son projet. Ce réflexe est bon, mais pas suffisant. Beaucoup de recruteurs diffusent leurs **annonces** directement **dans des posts**. Pour les trouver, rien de plus simple :

1. Tapez les mots-clés de votre recherche. Par exemple "alternance développeur web".
2. Faites le tri des résultats via l'onglet "Posts". Vous accédez

immédiatement à tous les posts qui contiennent les mots de votre recherche.

Sans cette recherche, vous ne les trouveriez ni dans l'onglet Emplois ni dans le flot des informations de votre fil d'actualité. **Bénéfice supplémentaire** : *le contact mail ou le téléphone direct du recruteur apparaissent parfois dans le post. Il ne vous reste plus qu'à foncer pour postuler !*

Exploitez les opérateurs booléens

Autre manière de parvenir rapidement à des résultats qualifiés : les **opérateurs booléens.** Derrière ce mot mystérieux pour certains se cache un système très simple et déjà ancien pour préciser vos recherches sur un moteur classique, et que LinkedIn a repris. Un opérateur booléen permet de combiner plusieurs éléments ou de limiter sa recherche à certains aspects. En bref, de **trouver un trésor** sans remuer tout le sable de l'île déserte sur laquelle il est enfoui !

Il existe plusieurs opérateurs. Voyons-en quelques-uns ci-dessous.

Les guillemets

Si vous effectuez une recherche de profils dont le titre est *responsable marketing digital* sans utiliser de guillemets, vous risquez d'obtenir ce que vous cherchez, mais bien plus.

Par exemple pour des profils avec le mot responsable, comme des responsables communication. L'information essentielle sera noyée dans la masse. L'utilisation des guillemets autour de votre recherche, "responsable communication digitale" vous assure des réponses qualifiées.

Les inclusions OR et AND et l'exclusion NOT

Ces opérateurs booléens vous permettent d'associer des éléments. Ils doivent toujours être utilisés en majuscules.

Opérateur AND : saisissez le mot pour obtenir les résultats qui contiennent tous les éléments de la recherche.

> Exemple : Avec **"responsable communication" AND digital**, vous obtenez des profils qui contiennent à la fois "responsable marketing" et le mot "digital".

Opérateur OR : saisissez le mot pour voir les résultats qui comprennent au moins un élément de votre requête.

> Exemple :**"responsable communication" OR "directeur communication"**, les résultats affichent les profils qui contiennent l'une **ou** l'autre de ces expressions.

Opérateur NOT : tapez-le dans le moteur avant le terme que vous cherchez, cela l'exclut de vos résultats.

> Exemple : **"responsable communication marketing" NOT assistant**. Vous obtiendrez uniquement les responsables communication marketing, sans être pollué par les assistants responsable communication marketing.

Tenez compte des recherches limitées

Attention, la version gratuite de LinkedIn fixe des **limites de recherche** : il vous est impossible d'en effectuer autant que vous le souhaitez en un temps défini. Difficulté supplémentaire : cette limite n'est pas connue. L'algorithme de LinkedIn est un mystère, et pour compliquer la donne, il change régulièrement. Il ne vous reste plus qu'à vous adapter.

Si LinkedIn vous avertit que vous atteignez la limite, deux possibilités s'offrent à vous :

- Patienter quelques jours pour être de nouveau autorisé à effectuer des recherches ;

- Prendre un abonnement Premium pour contourner cette limite.

À vous de choisir, mais sachez qu'il est possible d'être actif sur LinkedIn sans prendre d'abonnement.

Si vous utilisez la fonction recherche de LinkedIn, pensez que d'autres le font également. Autrement dit, il est dans votre intérêt d'être trouvé par d'autres utilisateurs. La solution : ayez le réflexe mots-clés. Seul un profil riche d'informations, parfaitement renseigné et prenant en compte les mots-clés de votre métier ou de votre secteur d'activité vous permettra de ressortir dans les résultats du moteur de recherche de LinkedIn.

Boostez vos résultats de recherche.

Sur LinkedIn, l'image que vous véhiculez a une importance cruciale pour vous permettre d'atteindre vos objectifs. Nous l'avons vu, la qualité de votre profil est essentielle. Il doit être riche, complet, détenir les mots-clés de votre métier pour vous permettre d'être repéré et pour capter l'attention.

Votre image, mais aussi l'efficacité de vos actions sur LinkedIn, dépendent également de la richesse de votre réseau. Si votre réseau est quantitativement très limité, les résultats de vos recherches par le moteur LinkedIn le seront tout autant. Soyez donc attentif à **développer suffisamment votre réseau pour profiter de manière optimale de l'outil de recherche.**

Fixez-vous un premier objectif de contacts, par exemple deux cents.

En résumé

● Trouver une aiguille dans une bonne de foin, c'est beaucoup plus facile avec l'outil de recherche LinkedIn.

● Utilisez les onglets de tri et opérateurs booléens pour venir à votre secours.

Chapitre VIII

Mettez en place votre stratégie online

Vous avez maintenant commencé à networker en utilisant LinkedIn. Si vous risquez d'y passer une grande partie de votre temps, n'oubliez pas qu'il existe **d'autres outils** et réseaux qui peuvent trouver toute leur place dans votre stratégie.

En effet, même s'ils peuvent paraître moins "professionnels" au premier abord, de nombreux réseaux sociaux peuvent vous être très utiles. De plus en plus d'**applications mobiles** peuvent aussi vous aider à trouver les bonnes personnes **à proximité**. Tour d'horizon.

L'utilisation des réseaux sociaux

Tout comme LinkedIn, l'utilisation d'autres réseaux doit vous permettre de vous rapprocher des personnes qui pourront vous aider à atteindre vos objectifs. Gardez donc ces derniers en tête alors que vous allez réfléchir aux réseaux qui sont pertinents pour vous.

Selon vos objectifs, certains réseaux seront plus pertinents que d'autres.

Par exemple, si vous cherchez à networker dans le milieu de la musique, un réseau comme SoundCloud sera certainement plus intéressant qu'un réseau consacré à l'image. Si vous souhaitez vous connecter avec des influenceurs vidéo, vous privilégierez YouTube ou éventuellement Instagram. À vous de choisir ce qui semble **le plus pertinent** selon vos objectifs.

De manière générale, vous utiliserez les réseaux sociaux pour vous connecter avec les personnes qui vous intéressent, échanger avec elles, mais aussi, et surtout, dans la plupart des cas, pour vous tenir informé des **actualités** de ces personnes ou du secteur que vous ciblez.

LE NETWORKING

Twitter

Sur Twitter, suivez dans un premier temps les différents médias qui partagent de l'actualité sur le secteur d'activité ou la fonction qui vous intéresse. En plus de vous tenir informé, cela vous permettra de découvrir des **personnes intéressantes** qui réagissent aux tweets de ces médias, et de les suivre également.

*N'hésitez pas à faire des recherches par **mots-clés** et **hashtags** pour retrouver des personnes intéressantes, qui partagent sur les thématiques qui vous intéressent, et découvrir des influenceurs que vous pourrez par la suite contacter directement. Créez des **listes** pour retrouver facilement et rapidement les personnes, rôles ou thématiques qui vous intéressent.*

Cherchez et suivez bien entendu les personnes que vous aurez rencontrées ou découvertes par d'autres canaux (physiquement ou sur d'autres réseaux), car c'est un canal, qui mélange souvent professionnel et personnel, qui vous permettra de mieux connaître les personnes afin de mieux networker avec elles. Enfin, **partagez de l'information**, taguez (avec @) des personnes avec qui vous souhaitez échanger.

Twitter est une plateforme où tout va très vite, et qui fonctionne très bien lors d'événements, par exemple. Les **médias**, les **entreprises** et **leaders d'opinion** y partagent également beaucoup, souvent avec une certaine proximité.

Utilisez cette puissance pour découvrir de nouvelles personnes avec qui échanger et mieux comprendre les personnes, les entreprises, les postes ou les secteurs qui vous intéressent pour enrichir vos échanges directs.

Facebook

Ne prenez surtout pas le réflexe d'ajouter sur Facebook toutes les personnes que vous aurez rencontrées lors d'événements ou sur d'autres réseaux.

Facebook a une connotation très personnelle, et à moins que vous ayez l'accord de cette personne, ou que le contexte s'y prête (événement informel, par exemple), cela sera souvent considéré comme trop intrusif.

Facebook peut par contre être très puissant pour **renforcer des liens** déjà existants avec des personnes que vous connaissez peut-être trop peu, ancien de votre école, par exemple, avec qui vous êtes connecté, mais n'avez jamais échangé. La proximité et le ton offerts par Facebook vous seront alors bien utiles.

N'hésitez pas non plus à explorer les **groupes** ou les pages (d'événements, d'entreprises...) pour découvrir des personnes avec qui il pourrait être intéressant pour vous de networker.

Répondez à leurs commentaires, contactez-les directement, si cela est pertinent, ou informez-vous sur des aspects plus personnels avant de les contacter de manière plus formelle sur LinkedIn, par exemple.

Instagram

Sur Instagram, cherchez avant tout des **entreprises** ou des **influenceurs** (mentors passifs potentiels). Le réseau peut être intéressant pour en savoir plus sur les aspects très personnels de cibles réellement clés, mais notez que beaucoup de comptes sont privés. Vous risquez d'y passer beaucoup de temps pour finalement assez peu de retours en termes de réseau.

Si vous souhaitez y networker quand même, sachez que vous n'y trouverez pas forcément toutes les professions et tous les secteurs d'activité qui pourraient vous intéresser. Artistes, photographes, designers, coachs sportifs y sont beaucoup plus présents et visibles que des professions comme comptable, responsable RH ou marketeur.

Sachez donc y investir du temps de manière intelligente, et dans des cas très précis où vous savez que vous pourrez y trouver de la valeur, et en apporter.

Les autres réseaux

D'autres réseaux, comme **YouTube**, **SoundCloud** ou encore **Snapchat** peuvent aussi être utilisés dans votre stratégie de networking, mais souvent de manière moins active. Vous y trouverez là encore des personnes ou des entreprises qui pourraient être intéressantes et pourrez engager avec leurs contenus ou les contacter directement.

Beaucoup de ces "autres" réseaux ont soit un modèle, soit une **cible très spécifique**, *que ce soit en termes de secteurs d'activité, de professions, voire de "personas".*

Par exemple, si vous cherchez à networker avec des dirigeants d'entreprise d'un certain âge, il y a peu de chance que Snapchat soit l'endroit idéal pour les contacter. N'oubliez pas de prendre cela en compte avant d'investir du temps pour identifier des contacts et entrer en relation avec eux sur les différents réseaux sociaux.

Les applications de networking

Depuis quelques années, avec le nombre grandissant de smartphones et le développement des technologies de géolocalisation, par exemple, de nouvelles **applications** dédiées au networking ont fait leur apparition.

Utilisez des applications de networking

Très souvent inspirées des applications de rencontre, elles pourraient bien vous aider à trouver de nouvelles personnes encore plus rapidement et à networker avec elles de manière efficace, où que vous soyez.

LinkedIn

Nous avons déjà évoqué le réseau et toutes les opportunités d'échange qu'il offre. Dans l'application mobile, la fonctionnalité "à proximité" peut vous aider à découvrir d'autres personnes qui sont par exemple à un même événement et qui ont aussi activé l'application. Vous pourrez également facilement ajouter un contact (ou vous faire ajouter) en scannant ou en partageant le QR code généré automatiquement par l'application.

Shapr ou Ripple

Ces deux applications, qui fonctionnent sur le principe du "**match**", comme Tinder (Ripple a d'ailleurs été créée par les dirigeants de Tinder et financée par sa maison mère), vous permettront d'entrer en contact avec des **profils hyper ciblés.**

Seuls quelques profils vous sont proposés chaque jour et vous devez dire si oui ou non vous seriez intéressé par une rencontre ou un échange. Si cela est réciproque, alors vous pouvez suivre la discussion.

Dans les deux cas, vous **paramétrez** un certain nombre d'informations, mots-clés, secteurs d'activité, professions, etc., pour aider l'algorithme à vous proposer des profils pertinents. C'est souvent assez bluffant en termes de qualité des profils proposés !

Ces applications peuvent vous permettre d'aller plus loin que les réseaux auxquels vous penseriez de manière naturelle et de découvrir des personnes que vous n'auriez jamais contactées autrement.

Meetup

Le principe de l'application est simple : vous permettre de networker avec des personnes qui partagent les mêmes intérêts que vous. Connectez-vous en tant qu'utilisateur ou créez vos propres Meetup si vous souhaitez aller plus loin !

L'application vous permettra de rejoindre des **groupes d'échange** sur des sujets professionnels, de trouver des partenaires de course à pied, ou pourquoi pas, de rejoindre des **événements** organisés dans votre région, ou là où vous serez en déplacement.

Là encore, paramétrez l'application en indiquant les sujets qui vous intéressent et en rejoignant des groupes.

Dès qu'un événement pertinent sera proposé, vous recevrez une notification et pourrez vous inscrire. Idéal pour rencontrer de nouvelles personnes.

Bizzabo ou Eventbrite

Si vous préférez networker "en vrai", vous pourrez également trouver un intérêt dans ces applications, utilisées par de nombreux **organisateurs d'événements**.

Non seulement vous y trouverez toutes les informations sur les événements, mais également la possibilité de découvrir d'autres personnes et d'échanger avec elles.

Bien sûr, organiser votre propre événement de networking peut aussi être une possibilité ; dans ce cas, ces applications pourraient également être idéales !

Il existe de nombreuses autres applications pour vous aider dans votre networking : carnet d'adresses intelligent pour avoir tous les détails sur les personnes que vous rencontrez, carte interactive pour savoir dans quels événements se rend votre réseau ou encore application de matching pour trouver un camarade de déjeuner, par exemple.

À vous d'essayer les applications disponibles qui vous semblent intéressantes pour voir si elles sont réellement utiles et vous aident à **networker !**

En résumé

- Boostez votre stratégie de networking avec les réseaux sociaux et les applications mobiles. Ils sont une source inépuisable d'informations, d'échanges et d'ouverture.

- Choisissez les plateformes qui répondent le mieux à vos objectifs.

Chapitre IX

Adoptez le bon comportement

Tous vos outils de networking sont désormais prêts. Vous avez décidé d'une stratégie et avez commencé à vous connecter avec d'autres personnes, notamment via les médias sociaux. Afin d'être sûr que tous ces efforts payent, il est important de ne pas faire de "faux pas".

Sur les médias sociaux, tout va très vite, et la moindre erreur, même faite de manière involontaire, peut très vite être amplifiée et tous vos efforts peuvent être mis à mal.

Afin de vous éviter ces désagréments, voici quelques **réflexes** très simples et très pratiques que vous devez avoir en tête lorsque vous networkez sur les médias sociaux.

Personnalisez

Lorsque vous faites des demandes de connexion ou entrez en contact avec quelqu'un sur les réseaux sociaux, **personnalisez systématiquement** votre demande ou message.

Ne vous contentez pas de copiés-collés où vous changeriez le nom de la personne.

Personnalisez votre approche, la raison pour laquelle vous cherchez à entrer en contact avec cette personne précisément, ce qui vous intéresse chez elle...

Dites-vous que les demandes non personnalisées sont encore la norme et très fréquentes sur les réseaux sociaux. Aussi, personnaliser les vôtres vous donnera directement un **avantage** et vous permettra d'être tout de suite remarquable, et différent !

Faites vos recherches

Avant de vous connecter avec quelqu'un, et pour pouvoir personnaliser au mieux votre demande, assurez-vous que vous avez suffisamment d'**informations** pour être pertinent. Regardez les profils de la personne, ses publications, son site internet si elle en a un, les recommandations qu'elle a pu recevoir...

Utilisez tout cela pour écrire des messages qui vont réellement faire mouche. Inspirez-vous du champ lexical utilisé par cette personne pour qu'elle se retrouve dans la demande ou le message que vous enverrez, par exemple.

Tout cela peut prendre un peu de temps, mais cela est **nécessaire** pour gagner la confiance des personnes avec qui vous souhaitez networker et construire des échanges de qualité.

Soyez patient, n'automatisez pas votre networking

Il peut être tentant d'accélérer votre networking en invitant en masse votre carnet d'adresses ou encore en envoyant de manière massive des demandes de connexions sur certains réseaux, via des plugins notamment.

*Vous devez éviter ces pratiques au maximum. Visez la **qualité** plutôt que la quantité.*

Outre le fait que ces pratiques sont illégales sur la plupart des réseaux, et pourraient conduire à la **suspension** ou à la **suppression de vos comptes**, elles vont surtout à l'encontre d'une démarche personnalisée et stratégique répondant à des objectifs précis. Vous risqueriez ainsi d'être connecté aux mauvaises personnes et/ou d'avoir un réseau inexploitable, auquel vous ne pourriez pas demander de mises en relation.

Quoi de plus rageant que de voir que quelqu'un de votre réseau peut vous mettre en contact avec le PDG de l'entreprise que vous ciblez, mais que cette relation n'est pas assez forte pour pouvoir faire cette demande ?

Ouvrez-vous

Comme vous l'avez compris dès l'introduction, le networking est une affaire de relations humaines. À ce titre, n'hésitez pas à être vous-même, à être authentique, même si cela signifie que vous allez devoir vous livrer un peu.

Si vous cherchez à être trop "lisse", trop professionnel ou corporate, vous ne rendez pas visible ce qui vous **différencie** et vous rend **unique**.

Sur les réseaux sociaux, comme lors d'événements, partagez votre histoire et insistez sur les points qui vont vous rendre **mémorable**. Cela peut être une expérience en particulier, une expertise, un trait de caractère, une manière de vous exprimer voire, pourquoi pas, une couleur de vêtement.

Personne ne veut networker avec un robot et encore moins s'ouvrir à lui. Pour réussir votre networking, vous avez besoin que les autres s'ouvrent à vous pour mieux les comprendre. N'hésitez pas à faire le premier pas !

Donnez, donnez, donnez... puis demandez

Pour construire des relations de qualité qui dureront dans le temps, ne sur-sollicitez pas votre réseau. Avant de lui demander quoi que ce soit, vous devez d'abord donner, donner, et encore donner.

Qu'il s'agisse de contenus, de conseils, de mises en relation, de retours d'expérience, **soyez généreux** avec votre réseau, il vous le rendra bien. Vous devez en quelque sorte "gagner" le droit de demander.

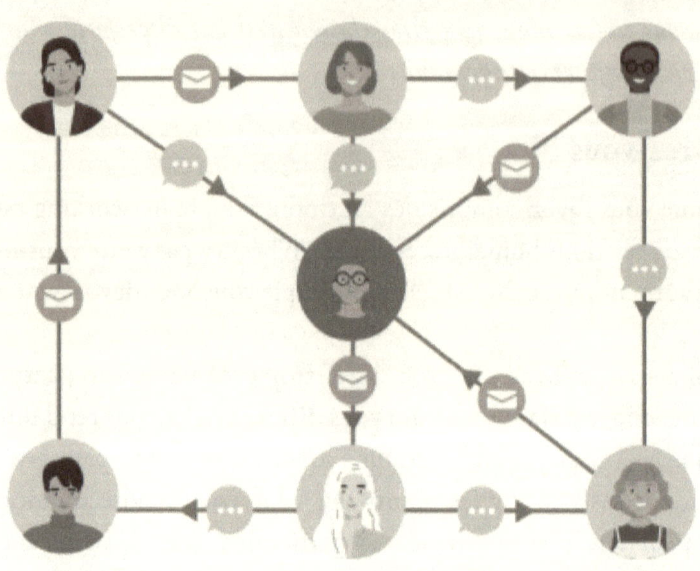

La réciprocité arrivera, commencez par donner !

Sur les réseaux sociaux, le principe de "**réciprocité**" fait souvent office de loi. On suit les personnes qui nous suivent (follow back), on recommande des personnes qui nous ont recommandé... Entrez également dans cette logique, n'hésitez pas à aider votre réseau de manière désintéressée pour gagner sa confiance et bénéficier ensuite des effets de ce principe.

Faites attention au nombre de contacts

Cette donnée est généralement visible sur la plupart des réseaux. Ainsi, en quelques secondes à peine, en arrivant sur vos profils, les personnes avec qui vous cherchez à networker se feront une idée du **type de réseau** que vous cherchez à construire.

Trop de contacts ? Vous êtes un "collectionneur" et ne pouvez apporter de la valeur à tous. Peu de contacts ? Vous êtes un débutant qui ne peut pas encore apporter suffisamment de valeur.

De la même façon, si vous suivez des milliers de personnes, mais que personne ne vous suit en retour, cela envoie un signal négatif. Soit vous avez sélectionné les mauvaises personnes, soit vous n'êtes pas intéressant.

Cherchez donc toujours à avoir un **ratio équilibré**, et à entretenir un réseau qui permet des échanges personnels riches.

Entrez dans la conversation

Ne soyez pas simplement un contact parmi d'autres. Soyez de ceux que votre réseau voit régulièrement, pour les bonnes raisons.

Ne vous contentez pas de pousser de l'information, **prenez part aux échanges** qui ont lieu sur le réseau que vous aurez choisi.

Likez, répondez, interagissez, posez des questions, relancez la discussion... N'hésitez pas à être actif dans les groupes que vous aurez rejoints et dans les messageries de vos contacts.

Soyez réactif, suivez les échanges

Les réseaux sociaux sont un lieu de "temps réel". Vous ne pouvez vous permettre de faire attendre une demande ou un message plusieurs mois, voire plusieurs semaines ou jours.

Soyez donc présent de manière régulière et suivez au maximum les échanges que vous aurez. La qualité de votre réseau dépend aussi de votre **réactivité**.

Imaginez que vous allez à un événement. Une personne vous ajoute sur un réseau, à la suite de cette première rencontre, avec plein de choses en tête à vous demander. Si vous confirmez cette demande plusieurs mois après, il y a fort à parier qu'elle aura trouvé réponse à ses questions.

Vous aurez donc manqué une belle opportunité de créer une relation forte !

*Ne soyez pas non plus "trop" réactif ! Rien de pire, après avoir confirmé une nouvelle relation, que de recevoir quelques secondes après un message commercial préformaté et non **personnalisé** ! Ne soyez pas de ceux qui démarrent mal la discussion parce que vous vous précipitez sans avoir écouté vos contacts.*

Ne soyez pas trop restrictif, soyez curieux !

Le networking est aussi une affaire de **curiosité** et d'**ouverture d'esprit**. Bien sûr, vous avez vos personas et vos objectifs, mais n'hésitez pas de temps en temps à vous laisser surprendre par des relations moins "conventionnelles" ou moins attendues.

Vous ne savez pas où ces relations pourront vous mener et quels sont les réseaux de ces personnes. Ne refusez donc pas systématiquement les relations qui ne rentreraient pas dans votre schéma. Au pire, vous pourrez toujours retirer cette relation ou masquer ses publications si elle se révélait inintéressante ou "polluante" pour votre flux d'actualité.

En résumé

- Adopter les bonnes pratiques, c'est l'assurance de construire des relations de qualité, au service de vos objectifs.

- Soyez humain, ouvert, à l'écoute, intéressant, patient et tourné vers les autres. Donnez, sur les réseaux sociaux comme en présentiel, et vous recevrez.

Partie 3 - Entretenez votre réseau professionnel

Chapitre X

Développez votre réseau actuel

Vous savez désormais vers quels objectifs votre stratégie de networking doit vous mener. Vous avez affûté vos outils pour rendre cela possible et vous avez même commencé à networker sur certains réseaux. Bravo !

Il est désormais temps d'entrer dans la dernière phase et de réellement **développer** votre réseau. Pour bien démarrer, vous allez commencer par sélectionner la bonne stratégie, et partir de ce que vous avez déjà construit et analysé : votre **réseau actuel**.

Voyons ensemble comment capitaliser sur cet existant pour le développer, vous aider à atteindre plus vite vos objectifs et à vous connecter avec les bonnes personnes, de manière intelligente et stratégique.

Choisissez la "direction" de votre networking

Networking in, up, out, down ? Inbound ou outbound networking ? Vous vous êtes peut-être déjà posé la question de la stratégie la plus **adaptée** à vos objectifs... ou pas !

En effet, que recoupent vraiment ces termes, et dans quel cas utiliser telle ou telle stratégie ? Et pourquoi ne pas utiliser plusieurs stratégies en même temps pour networker efficacement ?

Networking in ou out ?

Deux solutions vont s'ouvrir à vous. Networker dans ce que vous connaissez déjà, "in", ou aller plus dans l'inconnu : "out".

Si vous cherchez à **progresser** dans votre entreprise, par exemple, vous allez adopter une stratégie "in" en vous connectant à des personnes de l'entreprise, ou en améliorant les relations que vous y avez déjà. Idem lorsque vous cherchez à évoluer dans votre secteur d'activité : vous allez chercher à échanger avec des relations qui y sont également.

Si par contre vous cherchez à **changer de trajectoire** professionnelle, ou si vous souhaitez ouvrir de nouvelles perspectives, vous allez devoir aller chercher des relations dans d'autres réseaux ou domaines d'activités.

Une approche "out" va vous sembler plus compliquée à mettre en place, car elle demande à sortir de votre zone de confort et à échanger avec de nouvelles personnes, qui n'ont pas forcément les mêmes codes.

*Bien entendu, il est possible de **combiner** une approche "in" et une approche "out" pour atteindre des objectifs à long terme. Par exemple, si vous souhaitez devenir manager dans votre entreprise, vous allez networker en interne, pour gagner en visibilité auprès des bonnes personnes, mais également en externe pour trouver d'autres managers inspirants qui pourront partager leurs bonnes pratiques et vous aider à progresser.*

Networking up ou down ?

Dans la plupart des cas, vous allez chercher à entrer en contact avec des personnes qui ont une responsabilité hiérarchique plus élevée que la vôtre (networking up), car ce sont souvent les personnes qui pourront vous aider à **atteindre vos objectifs** et vous **inspirer**.

Cependant, dans certains cas, créer des relations avec des personnes moins avancées dans leur carrière, ou au même niveau peut aussi être pertinent.

Par exemple, toujours si vous souhaitez **devenir manager** d'une équipe, entretenir de bonnes relations avec les personnes de cette équipe ou ayant un niveau équivalent vous permettra de mieux vous positionner dans le process, ou encore de mieux comprendre leurs enjeux pour mieux y répondre.

Si vous êtes dans une démarche de reverse mentoring, networker avec des étudiants ou des jeunes en début de carrière peut aussi s'avérer payant.

Lorsque vous êtes dans une démarche "**up**", il est normal d'être un peu **mal à l'aise**. Certains spécialistes vous diront que si vous ne l'êtes pas, c'est que vous ne visez pas assez haut, alors challengez-vous !

Dans une démarche "**down**", le risque est parfois de faire preuve de **complaisance** ou de supériorité. Faites attention à cela, l'effet sur les relations que vous créerez sera forcément négatif.

Inbound ou outbound networking ?

Si vous n'êtes pas très à l'aise avec l'idée du networking et la prise de risque qui va avec, peut-être déciderez-vous d'adopter une démarche "**inbound**".

Comme en marketing et communication, cela veut dire que vous chercherez à **attirer** les personnes dans votre réseau plutôt que d'aller vers elle (démarche "outbound").

À travers l'apport de valeur et le partage d'information avec votre réseau actuel, vous serez visible et crédible pour d'autres relations qui chercheront à rejoindre votre réseau.

*Une stratégie **inbound** est intéressante, car particulièrement valorisante pour vous. Par contre, elle va demander plus de **temps** et **d'énergie** qu'une stratégie ou vous seriez celui qui va à la rencontre des personnes qui vous intéressent.*

De plus, comment vous assurer que les personnes les plus pertinentes seront effectivement celles qui viendront vers vous ? N'hésitez donc pas à **mixer les deux stratégies**, en valorisant votre image, mais aussi en entrant en contact directement avec les personnes que vous aurez identifiées.

Tirez parti de vos "liens faibles"

*C'est en 1973 que le sociologue américain Mark Granovetter a été le premier à évoquer l'existence des **liens forts** et des **liens faibles**. Selon lui, la force du lien que l'on entretient avec une personne dépend de plusieurs facteurs : temps passé ensemble, intensité émotionnelle, intimité et réciprocité. Vos liens forts sont donc vos proches, famille et amis. Vos liens faibles, de simples connaissances avec qui vous entretenez une relation moins intense.*

Dans le même article, Mark Granovetter explique que ce sont les **liens faibles**, de par leur diversité et les connexions qu'ils peuvent ouvrir, qui sont les plus intéressants et les plus pertinents à exploiter.

Avec les **réseaux sociaux**, le nombre de ces liens faibles a énormément augmenté, et vous pouvez vous reposer sur eux de manière permanente et quasi instantanée.

Et vous, savez-vous reconnaître ces liens faibles et les solliciter au mieux ?

Pour détecter ces liens faibles intéressants, il va vous falloir reprendre l'analyse que vous avez faite de vos réseaux.

- Regardez qui sont les contacts avec qui vous avez eu peu d'interactions, mais qui correspondent à vos objectifs.

- Choisissez les personnes qui sont les **plus actives** et les mieux connectées, car ce sont elles qui pourront vous apporter le plus de valeur.

- Cherchez à comprendre à qui elles sont connectées, quelle est la force de ces relations. Regardez par exemple leurs publications récentes, l'engagement qu'elles ont reçu (likes, partages, commentaires...) et qui sont les personnes qui ont généré ces engagements.

Votre objectif est de comprendre comment vous allez pouvoir vous reposer sur ces liens faibles pour **gagner en visibilité** auprès des bonnes personnes, soit parce qu'ils repartageront vos contenus avec leur réseau, soit en leur demandant une **mise en relation** directe, car vous savez qu'ils ont une grande proximité avec vos **cibles stratégiques.**

*À ce titre, n'hésitez pas à demander à ces contacts de vous aider à entrer en contact avec des personnes de **leurs réseaux**. C'est une pratique commune et qui fonctionne. Vous aurez de meilleurs retours en passant par quelqu'un qui connaît la personne qu'en la contactant directement.*

Si vous avez une mise en relation possible, explorez-la systématiquement avant de faire une demande directe.

Pour avoir un maximum de retours, voici quelques bonnes pratiques à respecter dans votre demande :

- Expliquez clairement **pourquoi** vous voulez entrer en contact avec la personne en question. Soyez aussi précis que possible dans votre demande.

- Montrez que vous avez fait vos recherches et que vous savez qu'il y a un **intérêt mutuel** à construire cette relation.

• Demandez la mise en relation quand vous savez qu'elle aura de l'**impact**. Détectez en amont que la relation entre les deux personnes est suffisamment forte pour que la proposition de mise en relation apporte une réponse. Cela est surtout valable quand vous avez plusieurs mises en relation possibles.

• Proposez d'écrire le **message d'introduction**. Montrez à la personne à qui vous faites la demande que vous êtes conscient de son temps et proposez un message qu'elle n'aura qu'à personnaliser. Vous levez ainsi un frein très important.

• Laissez toujours une **porte de sortie** à la personne à qui vous faites la demande. Elle ne doit pas avoir l'impression qu'elle n'a pas le choix, elle doit pouvoir dire non. Cela est d'ailleurs parfois préférable à une mauvaise mise en relation.

• **Tenez-la à jour** des suites données à la mise en relation. Que ces suites soient positives ou négatives, envoyez un message à la personne qui a fait la mise en relation pour la remercier et lui faire une mise à jour. Si vous refaites une demande dans le futur, elle saura que cela ne va pas que dans un sens !

Voici un exemple :

LE NETWORKING

Titre : J'ai enfin testé ce restaurant italien dont tu m'avais parlé !

Bonjour Angela,

J'espère que tu vas bien. J'ai enfin pris le temps de tester ce restaurant dont tu m'avais parlé, en effet excellent, nous nous sommes régalés ! Je suis preneur si tu as d'autres conseils pour mon prochain déplacement à Paris ! Merci encore !

Back to business ! Je cherche à contacter Nicolas X et je vois que vous êtes en relation sur LinkedIn. Te semble-t-il possible de nous mettre en contact ? J'ai compris qu'il cherchait une solution de gestion de base de données, mon domaine d'expertise !

Pour te simplifier la tâche, voici une idée de message qui ferait effet :

« Bonjour Nicolas,

J'espère que tes projets avancent bien. Guillaume X, avec qui j'ai travaillé dans le passé, souhaite entrer en contact avec toi.

Les solutions CRM de sa société sont, il me semble, bien en adéquation avec tes besoins et les projets de ton entreprise.

Je t'invite à échanger avec lui, il a de la disponibilité mardi prochain.

À bientôt, Angela »

Si cela n'était pas possible, ne t'inquiète pas, je chercherais une autre solution.

Merci par avance pour ton retour et à très vite !

Guillaume

En résumé

● Nous avons tous un réseau, et tous la capacité de le développer. Sachez repérer les bonnes personnes de votre réseau existant, sachez arroser les graines, vous verrez combien la récolte peut être riche et surprenante.

● Les réseaux sociaux travaillent pour vous. Sachez repérer les contacts qu'ils vous recommandent, vous trouverez de nouvelles relations à même de vous aider à remplir vos objectifs.

Chapitre XI

Apportez de la valeur à vos réseaux

Vous l'avez compris, bien exploité, votre réseau peut énormément vous apporter. Mais fidèle aux principes de **réciprocité** et de **générosité** vus précédemment, vous devez vous aussi lui apporter de la valeur pour le rendre efficace et le faire durer dans le temps.

Mais qu'avez-vous précisément à lui **donner** ? Que pouvez-vous lui proposer pour l'aider à évoluer et à vous percevoir comme un contact important ?

Répondre à ces questions peut sembler d'autant plus compliqué que vous serez jeune et peu expérimenté. Pourtant, quels que soient votre âge ou votre niveau professionnel, la taille de votre réseau ou les relations que vous avez déjà créées, vous devez vous prêter à ce jeu. Et rassurez-vous, ce n'est pas si compliqué que cela peut en avoir l'air au premier abord !

Retournez simplement les éléments vus dès le premier chapitre de ce cours sur les raisons qui vont vous pousser à construire votre réseau professionnel. Tout simplement. Votre réseau cherche à répondre aux **mêmes enjeux** que vous, et c'est là que vous allez pouvoir l'aider :

- à se tenir informé ;
- à apprendre de nouvelles compétences ;
- à se créer de nouvelles opportunités ;
- à gagner en visibilité et en crédibilité.

Et bien entendu, **répondez** également aux requêtes qui vous sont faites.

Si vous ne répondez jamais aux messages directs qui vous sont envoyés ou aux demandes de mises en relation qui vous sont faites (même maladroitement, tout le monde n'aura pas suivi ce cours !), n'espérez pas pouvoir faire appel à votre réseau, même en cherchant à lui apporter un maximum de valeur.

Aidez votre réseau à se tenir informé

Vous devez être le contact auquel votre réseau pense lorsqu'il évoque des sujets précis. Devenez celui vers qui votre réseau se tourne lorsqu'il a des questions ou qu'il veut se tenir informé sur les dernières nouvelles d'un secteur en particulier, celui que vous ciblez ou sur lequel vous souhaitez vous **positionner** bien entendu.

Commencez par un **audit** de votre réseau. Quelles sont les thématiques qui semblent l'intéresser principalement ?

Pour ce faire, regarder les **sujets** que vous voyez le plus souvent. Les posts qui génèrent le plus d'engagements, les événements qui semblent intéresser vos contacts sont autant de clés pour comprendre ces intérêts forts de votre réseau.

Regardez ensuite deux dimensions pour chacun de ces sujets :

- ceux sur lesquels vous êtes légitime pour prendre la parole et devenir un canal crédible d'information ;

- ceux sur lesquels vous désirez vous positionner pour atteindre vos objectifs.

Lorsque ces deux dimensions se croisent, vous avez des sujets sur lesquels vous allez pouvoir partager, informer et échanger de l'information auprès de votre réseau.

Créez-vous ensuite une **veille régulière** sur ces sujets, en isolant des sites clés ou en créant des alertes sur Google ou Scoop.it, par exemple.

N'hésitez pas non plus à créer **vos propres articles** de réflexion. Partagez ensuite de manière régulière tous ces contenus qui seront pertinents pour votre réseau et assoiront votre crédibilité.

Plus vous serez crédible et visible sur ces sujets clés, plus vous pourrez être contacté par votre réseau, mais plus vous pourrez également attirer de nouvelles personnes dans votre réseau.

En effet, si les articles partagés ou rédigés par vous sont intéressants, ils seront repartagés et amplifiés auprès des 2e et 3e niveaux de relation de vos contacts, qui viendront enrichir votre réseau.

Soyez un véritable "connecteur" pour votre réseau

Vos contacts ont des **besoins**, et quelque chose à **offrir**. Qu'il s'agisse d'une compétence, d'un partenaire business, de relations, d'informations stratégiques… Ils sont comme n'importe quel professionnel.

Si vous arrivez à être la personne qui permet à une offre et à une demande de se rencontrer, vous devenez un atout précieux pour votre réseau. Et pour cela, pas besoin d'avoir des années d'expérience, il faut simplement **savoir écouter** son réseau pour devenir un contact indispensable.

Un peu comme vous l'avez fait à plusieurs reprises depuis le début de ce cours, vous allez vous pencher sur vos différents contacts, essayer de comprendre quelles sont les **populations** qui le composent.

Des commerciaux ? Des recruteurs ? Des personnes en recherche d'emploi ? Des freelances ? Des développeurs ? Plus vous saurez qui vous avez dans votre réseau, plus vous serez à même de favoriser les mises en relation vraiment pertinentes.

Assurez-vous également de valider ce que vous pensez savoir de vos relations, pour ne pas mettre en contact les mauvaises personnes entre elles.

En prenant un rôle de "connecteur" vous devenez un lien faible extrêmement important pour les membres de votre réseau.

Par exemple, si vous savez que vous avez dans votre réseau des directeurs artistiques freelances d'un côté et des agences de communication de l'autre, assurez-vous que vous connaissez un minimum le travail des uns et des autres avant de les mettre en relation.

Écoutez ensuite votre réseau. Soyez présent de manière régulière pour **détecter les besoins** qui sont partagés de manière régulière.

- L'un de vos contacts recherche un CRM ? Taguez votre contact commercial chez un éditeur de logiciel.

- Un autre se demande comment devenir auto-entrepreneur ? Partagez avec lui le cours OpenClassrooms sur le sujet, ou connectez-le avec un contact qui l'est depuis des années.

- Un troisième cherche à s'implanter dans un pays en particulier ? Recommandez-lui d'échanger avec un contact originaire de ce pays en commentant sa publication.

● Enfin, un dernier est en recherche d'emploi ? Partagez sa publication en taguant certains de vos contacts recruteurs.

En prenant ce rôle de **connecteur** entre tous vos contacts, vous devenez un lien faible particulièrement fort et important, car vous servez de pont entre différents groupes qui autrement ne se parleraient pas. Vous aidez à créer ou accélérer des **opportunités** pour votre réseau et devenez indispensable et reconnu au-delà de votre premier niveau.

Enfin, plus vous donnez, plus votre réseau sera prêt à vous aider lorsque vous serez celui qui demandera.

Valorisez votre réseau

Voici encore une action très facile à faire, qui ne vous prendra que quelques minutes, mais qui aura un impact très important sur votre réseau et les relations que vous allez créer.

Le networking, c'est avant tout le développement de relations humaines. Et comme n'importe quels êtres humains, vos contacts aiment **être considérés** et se sentir **reconnus**. Lorsqu'ils partagent du contenu, comme vous, ils veulent que cela se voie et que cela génère de l'engagement.

Likez et commentez les partages pertinents de votre réseau. Quotidiennement, connectez-vous aux réseaux sur lesquels vous avez décidé d'être présents, suivez le **fil des discussions** et entrez dans la **conversation**. Aimez un partage, félicitez une promotion, partagez une publication... Vous devenez plus visible et donnez de la visibilité à votre contact auprès du reste de votre réseau.

Tout le monde a envie de compter dans son réseau une personne qui sait reconnaître ses talents, les apprécier et les partager !

Autre avantage : plus vous likez ou commentez des posts en lien avec vos sujets de prédilection, plus LinkedIn enrichit votre fil de discussion de posts qui vous intéressent.

N'hésitez pas non plus à **recommander les compétences** des contacts que vous connaissez le mieux ou à écrire une recommandation. Sur LinkedIn, vous pouvez le faire directement sur le profil de la personne, ou en donnant un "bravo", qui apparaîtra comme un post public. Sur d'autres réseaux, n'hésitez pas à faire une publication en taguant le contact que vous souhaitez remercier ou féliciter.

Dans la section "Compétences et recommandations" de votre contact, il vous suffit de cliquer sur le "+" situé à côté de la compétence indiquée.

Le bouton ` + ` d'une compétence en gestion de projet devenant vert, une fois validée

Pour rédiger une recommandation d'une personne que vous connaissez, l'opération est tout aussi simple.

Vous souhaitez recommander Sophie Durand, votre ancienne manager ? Cliquez sur l'onglet "Plus" situé sous son prénom et son nom, puis sur "Recommander".

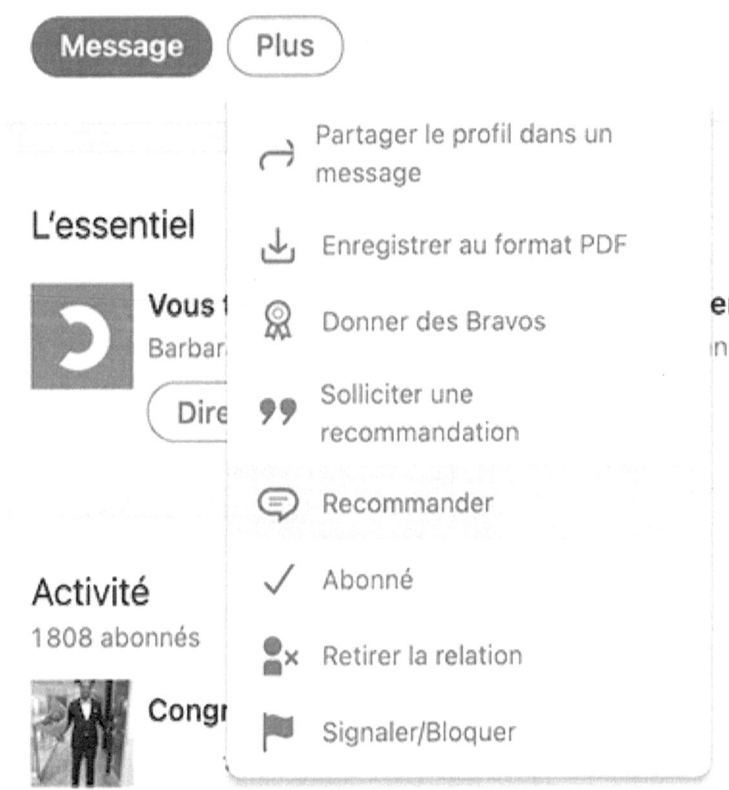

Le bouton "recommander"

Indiquez le niveau de relation entre vous.

Par exemple "Vous étiez sous la responsabilité de Sophie". Ensuite, sélectionnez le poste que Sophie occupait à l'époque : manager chez *PimPamPom*. Rédigez votre recommandation en **mettant en valeur** les **compétences techniques** ou les **qualités humaines** et **professionnelles** de Sophie. Elle sera ravie de recevoir votre recommandation et de la faire apparaître sur son profil LinkedIn, dans la section "Recommandations".

Une précision : effectuer une recommandation n'est possible que si vous êtes connecté à cette personne. Vous pouvez également donner un "bravo", qui apparaîtra comme un post public. Il est disponible par le biais de l'onglet "Plus" sous le nom de votre contact. Sur d'autres réseaux, n'hésitez pas à faire une publication en taguant le contact que vous souhaitez remercier ou féliciter.

Apporter de la valeur à votre réseau n'est donc finalement pas aussi compliqué que cela pouvait sembler l'être au premier abord.

Et puisque le principe du réseau est de donner mais aussi de recevoir, pensez à demander à vos contacts de **vous valoriser**. Une recommandation d'un manager, d'une ancienne directrice ou d'un mentor n'a jamais fait de mal, bien au contraire ! La démarche est exactement la même que celle qui consiste à recommander, à une différence près : sur le profil de la personne, choisissez cette fois "Solliciter une recommandation". Il ne vous reste plus qu'à rédiger votre demande. En voici un exemple :

"Bonjour M. / Mme *[nom]*

J'espère que vous allez bien. Actuellement en recherche d'emploi, je cherche à développer mon réseau LinkedIn et à valoriser mon profil pour créer des opportunités. Je souhaite savoir si vous accepteriez de me rédiger quelques lignes de recommandation au sujet de mon *[travail, service ou prestation, aspect particulier que vous avez pu rencontrer lors de la réalisation, rappel de ce que le client a apprécié chez vous et vous a dit à l'oral...]* Votre recommandation sera précieuse pour m'aider dans mes recherches.

Je vous remercie par avance et reste à votre disposition pour plus d'informations."

En résumé

● Donnez à votre réseau, partagez des informations, reconnaissez les réussites et les talents. Vous vous forgerez ainsi une image d'interlocuteur crédible. Une véritable clé pour à votre tour demander en retour.

● Soyez généreux et pertinent, affirmez votre personnalité mais gardez votre stratégie en tête et évitez une présence surfaite et exagérée. Elle ferait fuir vos cibles et vous manqueriez vos objectifs.

Chapitre XII

Sollicitez vos contacts de manière intelligente

Vous avez maintenant construit votre réseau de manière stratégique et pertinente pour atteindre vos objectifs. Vous savez où vous voulez aller et qui peut vous y aider. Vous avez créé une relation de confiance avec certains contacts clés de votre réseau, qui sont de plus en plus nombreux.

Arrive le moment où vous serez sûrement le moins à l'aise, celui de **demander quelque chose** à vos contacts.

Que vous cherchiez un emploi, un contact, une information, une recommandation, vous allez devoir **contacter directement** des personnes que vous connaissez peu, ou pas du tout, et il est normal de vous sentir peu à l'aise pour cela. Voici 6 bonnes pratiques pour vous aider dans cette démarche, et la rendre plus efficace !

Nous avons déjà évoqué la demande de mise en relation, qui obéit à des codes très particuliers et qui a un objectif spécifique, nous verrons ici d'autres types de demandes.

Choisissez le bon canal direct

Cela peut sembler évident, mais c'est l'élément le plus important.

> *La personne que vous contactez ne doit pas avoir l'impression que votre demande va nécessiter un effort supplémentaire ni qu'elle n'est pas à la hauteur de votre demande simplement parce qu'elle la découvre avec 1 mois de retard.*

Vous connaissez les membres clés de votre réseau, vous savez où ils sont présents et où ils interagissent. Contactez-les ici.

Si le contact est très actif sur LinkedIn, envoyez-lui un InMail. S'il se rend fréquemment à des événements, allez l'y rencontrer. Si vous savez qu'il aime échanger par téléphone et que vous avez son numéro, appelez-le. Si vous savez que c'est quelqu'un d'attaché à certains codes, pourquoi ne pas lui envoyer quelque chose par voie postale.

*En utilisant le **bon canal**, vous augmentez la possibilité d'une réponse et vous montrez que vous êtes attentif à l'autre.*

Demandez des conseils

*Lorsque vous faites appel à votre réseau, ne soyez **pas trop direct**.*

Si vous cherchez un emploi, contacter un recruteur pour lui demander s'il recrute est une fausse bonne idée. Au mieux, il vous demandera de lui envoyer votre CV ; au pire, il ignorera votre demande.

Si vous souhaitez que le responsable d'un fonds d'investissement s'intéresse à votre start-up, évitez de lui envoyer le lien vers votre site web en lui disant que vous recherchez des fonds.

*En étant trop direct dans votre demande, vous êtes en **position de faiblesse** par rapport à votre contact.*

Vous n'êtes pas dans une relation gagnant-gagnant qui l'intéressera, mais dans une relation à sens unique. Vous devez susciter l'intérêt de la personne et construire une relation qui vous aidera à atteindre vos objectifs, mais à plus long terme. Ne cherchez pas à conclure l'affaire au premier message, mais à **démarrer une conversation**.

Pour reprendre les exemples précédents, un recruteur sera plus à même de répondre à une demande d'aide sur la construction d'un projet professionnel, en tant que spécialiste du recrutement. De même, un investisseur se sentira plus valorisé si vous lui demandez ce qu'il pense de votre business plan, lui qui en a vu des dizaines.

Autre exemple, si vous cherchez à entrer sur un nouveau poste ou un nouveau secteur d'activité, n'hésitez pas à contacter vos entreprises cibles pour leur demander de partager avec vous leur vision du secteur ou l'évolution de leurs fonctions. Vous créez des relations beaucoup plus **fortes** et **intéressantes**.

Personnalisez votre message

Vous l'avez compris, mais on ne le répète jamais assez : la **personnalisation** est la clé d'un networking réussi ; cela s'applique bien sûr également à vos demandes directes.

Si votre message est trop générique ou apparaît comme une publicité, vous n'avez quasiment aucune chance d'avoir un retour. Pire, cela peut mettre en péril l'ensemble de la relation, car vous démarrez par une **grave erreur**.

Il est très important de personnaliser votre message
Utilisez toutes les informations que vous aurez découvertes sur vos contacts cibles en suivant leur actualité et leurs activités sur les différents réseaux pour personnaliser votre message. N'hésitez pas à

lier vos problématiques aux leurs afin de montrer la pertinence d'un échange et la manière dont vos intérêts se rencontrent.

N'insistez pas

En moyenne, si vous n'avez pas de réponse au bout de deux approches directes, considérez que la personne ne vous répondra pas. Soit votre demande était mal formulée, soit elle n'était pas intéressante, soit la personne n'a pas de temps à vous consacrer.

*Insister ne peut qu'avoir un effet négatif auprès de la personne, qui vous considérera plus comme un **spam** et pourra aller jusqu'à vous sortir de son réseau.*

Sans réponse après une relance, **prenez du recul**. Retournez aux bases du networking : **écoute** et apport de **valeur**. Attendez la ou les bonnes occasions pour gagner en visibilité auprès de cette personne, puis refaites votre demande directe avec ce crédit.

Cela prend plus de temps, mais il est préférable de ne pas avoir de réponse dans l'immédiat et de pouvoir refaire sa demande dans le futur que de braquer la personne et couper tout contact !

Soyez remarquable et remarqué

Lorsque vous faites votre demande, si votre contact comprend immédiatement qui vous êtes, où vous vous êtes rencontrés, comment vous êtes entrés en relation par exemple, alors vous avez plus de chances pour qu'il vous réponde facilement.

*Il est donc important d'avoir bien fait le travail en amont avec une **présence cohérente** sur tous vos réseaux, et d'avoir assuré votre **visibilité** dans votre réseau.*

Un exemple que j'aime mentionner est celui d'un personnage haut en couleur que j'avais eu l'occasion de croiser à quelques événements et que je voyais souvent dans les partages de mon réseau, sans n'avoir jamais échangé avec lui. Sa particularité est qu'il portait toujours un pull fuchsia. Lors des événements, sur ses photos de profils... toujours ce même pull et cette même couleur. Le jour où il m'a contacté pour me demander de participer à une enquête qu'il menait sur le social média, j'ai immédiatement su qui il était et ce qu'il faisait, et j'ai répondu très rapidement. Il avait levé un certain nombre de freins et su capter mon attention très en amont.

Sans pour autant aller jusque là, trouvez des moyens pour vous **démarquer** quand vous le pouvez, par un ton, une couleur, un accessoire, un style qui vous est propre. Cela permettra à la personne que vous contactez de tout de suite comprendre qui fait la demande et pourquoi il faut qu'elle réponde. Si ce n'est pas évident, n'hésitez pas à l'ajouter dans une très courte **introduction** à votre message.

Respectez le temps de vos contacts

Lorsque vous demandez quelque chose à votre réseau, assurez-vous que cela n'est pas démesuré par rapport au **niveau de relation** que vous entretenez ou à la manière dont vous l'avez aidé dans le passé.

Vous pouvez demander à vos amis proches de passer 20 minutes à répondre à un questionnaire pour vous aider dans votre projet professionnel ; vous ne pouvez pas faire la même demande à vos liens faibles.

Assurez-vous que vos demandes ne sont pas **chronophages** pour vos contacts et assurez-vous que cela soit très clair pour eux. "Cela ne vous prendra qu'une minute", "Pouvons-nous prévoir un échange téléphonique de 10 minutes maximum ?", "Je n'ai que 3 questions à vous poser", sont autant de manières d'introduire votre demande pour montrer que vous avez pensé à cet aspect.

En résumé

● Choisir le bon canal, ne pas être trop direct, personnaliser ses messages, sortir du lot, être patient... Autant de bonnes pratiques qui devraient vous ouvrir des portes.

● Osez prendre contact et ne projetez pas les réponses qui pourraient vous être faites. Il n'y a aucun risque à tenter votre chance, bien au contraire. Le réseau peut être très généreux.

Chapitre XIII

Construisez également votre réseau offline

Les **réseaux sociaux**, les applications mobiles et le web en général constituent de formidables outils dans votre stratégie de networking. Ils permettent d'accéder à des contacts sans limites d'espace ou de temps et sont donc de véritables **accélérateurs** pour vous permettre d'identifier les bonnes personnes et d'échanger avec elles.

Mais comme vous l'avez lu à de nombreuses reprises durant ce cours, le networking, ce sont avant tout des **interactions** et des **relations humaines**. Une stratégie uniquement online ne peut donc suffire à créer des relations de confiance durables dans le temps.

Vous allez devoir quitter le confort de votre écran d'ordinateur et vous lancer dans l'arène en rencontrant "pour de vrai" les personnes de votre réseau.

Il s'agit bien entendu d'une **prise de risque**, mais aussi d'une formidable **opportunité** !

Identifiez les bons événements

Afin que le temps passé en présentiel soit efficace, vous devez bien **sélectionner les événements** auxquels vous allez assister. En effet, cela demande un investissement en temps et en énergie supérieur à celui du développement de votre réseau online, autant en tirer le maximum.

Pour choisir les événements les plus pertinents, vous allez devoir faire quelques **recherches**. Choisissez des événements où vous êtes assuré de rencontrer des personnes avec qui vous souhaitez networker.

Si vous cherchez à entrer en contact avec des entreprises en particulier, par exemple, assurez-vous qu'elles seront bien présentes à l'événement. Si vous souhaitez vous créer un réseau dans un secteur d'activité en particulier, ne manquez pas LE salon sur cette thématique.

Identifiez les bons évènements

Selon vos objectifs, vous pourrez choisir des événements plutôt **larges,** ou des événements au contraire en plus **petit groupe**, de type meet-up. Si les premiers (salons, conférences...) vous permettent d'avoir plus de prises de contact, les seconds ont l'avantage de vous permettre d'aller plus loin dans les premiers échanges et donc de savoir très vite si la relation est pertinente, tout en en apprenant plus sur la personne. Sur un événement de plus grande ampleur, vous aurez moins de temps pour approfondir la relation.

Pour sélectionner les meilleurs événements, utilisez bien entendu internet, les réseaux sociaux et les applications, mais n'hésitez pas non plus à mettre votre réseau à contribution pour vous assurer que vous **sélectionnez** les meilleurs événements ! Voilà une demande simple, qui vous permettra d'échanger avec votre réseau.

Demandez par exemple : "Un événement marketing digital à me recommander à Paris ?" ou "Je vais au salon de la franchise pour mon mémoire, quelqu'un de mon réseau pour prendre un café ?". Vous serez surpris des retours, et vous pourrez jouer sur le online et le offline en même temps.

Préparez-vous pour être à l'aise

Vous rendre à un événement, professionnel de surcroît, peut vous rendre **nerveux**. Surtout que vous y allez avec comme objectif de rencontrer de nouvelles personnes.

Comment les aborder ? Vais-je réussir à être intéressant ? Avec qui vais-je pouvoir parler ? Ce sont autant de questions que vous vous posez sûrement, et qui peuvent vous angoisser.

Pas de panique. Encore une fois, tout réside dans la préparation et quelques petites astuces faciles peuvent vous aider à être moins stressé.

- **Allez-y accompagné** : à plusieurs, on est plus forts ! Demandez à un ami, à des contacts de votre réseau ou des relations professionnelles de venir avec vous. Non seulement vous serez plus à l'aise, mais en plus vous pourrez aussi rencontrer leur réseau.

- **Travaillez en amont** : regardez qui sera là, qui seront les conférenciers, les entreprises, les associations présents. Qui sont ceux à qui vous souhaitez parler ? De quoi ? Quelles informations personnelles pouvez-vous trouver ? Plus vous serez préparé, moins vous serez nerveux et les discussions démarreront plus facilement.

- **Soyez vous-même** : ne cherchez pas à jouer un personnage. Si vous n'êtes pas à l'aise en costume, par exemple, ne vous forcez pas ! Soyez naturel et authentique, cela vous évitera les erreurs et vous permettra d'être plus à l'aise.

- **Écoutez plus que vous ne parlez** : préparez quelques questions ouvertes qui vous serviront à déclencher des discussions. Lancez un sujet, puis laissez vos interlocuteurs parler au maximum. Vous prenez moins de risque, vous gagnez de l'information pour enrichir la relation et vous laissez une impression positive.

- **Ayez des "antisèches"** : OK, vous n'êtes plus au collège, c'est vrai. Et pourtant, n'hésitez pas à vous préparer, en fiche papier ou sur mobile, des notes sur les points importants concernant telle ou telle personne ou entreprise. Jetez-y un coup d'œil avant d'aborder la personne, vous serez plus en confiance et donc plus pertinent !

Tirez le meilleur de chaque opportunité

Toutes les opportunités de networking en présentiel se font sur un laps de temps déterminé. Soirée pour un afterwork, un ou deux jours pour un salon ou une conférence, une demi-journée pour un petit-déjeuner débat... Vous devez donc vous assurer que chaque interaction compte et vous rapproche de **vos objectifs**, sinon, il s'agit simplement d'une perte de temps.

Être prêt est votre mission numéro 1. En plus de vous aider à être plus à l'aise, cela vous permettra de rendre chaque discussion plus efficace. Mais ce n'est pas tout. Assurez-vous également d'être "**mémorable**".

Les personnes que vous rencontrez vont elles aussi rencontrer bien d'autres personnes, surtout s'il s'agit d'un conférencier ou d'un représentant d'une entreprise, par exemple.

*Que ce soit dans le style (rappelez-vous l'exemple du pull fuchsia !) ou dans la carte de visite que vous remettrez à la suite de la discussion, assurez-vous de vous **démarquer**.*

Pensez également à suivre les rencontres que vous avez eues durant ces événements. Envoyez par exemple une invitation sur LinkedIn en rappelant l'événement auquel vous vous êtes rencontré ou un e-mail avec un lien vers un article apportant des informations complémentaires à la discussion que vous avez eue.

Apportez tout de suite de la valeur en vous basant sur les échanges que vous avez eus. Vous avez une fenêtre de temps relativement courte après l'événement pour devenir rapidement une relation de confiance, saisissez-la !

Le networking en "offline", c'est partout et tout le temps !

Si les événements professionnels sont des occasions rêvées de networker, gardez bien en tête qu'elles ne sont pas les seules. En réalité, et toujours parce que l'on parle de relations humaines, chaque instant est une possibilité de networker.

En effet, quoi que vous fassiez, vous aurez l'occasion de rencontrer de **nouvelles personnes** ; parmi elles se cachent peut-être les contacts qui vous permettront de vous créer de nouvelles **opportunités** et de répondre à vos objectifs.

Par exemple, si vous allez à la salle de sport, ou si vous promenez votre chien toujours dans le même quartier, toujours aux mêmes horaires, il y a de grandes chances pour que vous croisiez toujours les mêmes personnes. Vous avez déjà au minimum un **point commun** relativement fort, à vous de construire une relation qui pourra potentiellement vous emmener plus loin, et pourquoi pas, à vos objectifs !

Commencez tout d'abord par vous **présenter**, allez vers l'autre pour démarrer la discussion. Intéressez-vous, posez des **questions** et soyez également aussi **ouvert** que possible sur votre métier, vos passions... L'avantage est que vous avez le temps pour construire ces relations, car ce sont des rencontres récurrentes. Prenez ce temps, construisez sur la durée.

En résumé

● Mettez vos œufs dans plusieurs paniers, investissez aussi sur les rencontres en présentiel. Rien ne remplace une relation en face-à-face.

● Online et offline sont complémentaires : vitesse et opportunités multiples d'un côté, proximité de l'autre. Associez les deux et vous atteindrez plus facilement vos objectifs.

● Soyez toujours à l'écoute des opportunités de rencontre pour entamer la relation

Chapitre XIV

Entretenez votre réseau dans le temps

Créer son réseau est une chose. L'entretenir en est une autre.

Que faire une fois que vous avez atteint vos objectifs principaux grâce à votre réseau ? Où mettre vos efforts pour continuer de progresser malgré tout, et comment intégrer votre réseau actuel et à venir à cela ? Enfin, comment continuer d'**apporter de la valeur** à toutes ces personnes ?

La plus grosse erreur est de vous reposer sur vos lauriers. Une fois votre emploi de rêve décroché grâce à votre réseau, n'arrêtez pas d'y investir du temps et de l'énergie !

*Vous ne savez sûrement pas ce qu'il a encore à vous offrir. Des **opportunités** auxquelles vous n'aurez peut-être jamais pensé peuvent vous être proposées.*

Par exemple, mon objectif principal, en travaillant mon réseau, était de pouvoir travailler chez LinkedIn. Mais en continuant à le travailler, j'ai été **recommandé** par quelqu'un de mon réseau que je connaissais peu à l'un de ses contacts qui cherchait un intervenant pour un master international. Cela n'était pas dans mes objectifs, tout comme OpenClassrooms d'ailleurs, et pourtant, c'est bien les efforts mis en place pour construire mon réseau et l'**entretenir** qui m'ont permis de recevoir ces propositions.

Remettez-vous en ordre de marche

Alors, une fois vos objectifs atteints, vous allez devoir continuer de travailler. Vous y investirez peut-être moins de temps, serez plus stratégique, mais vous serez **toujours présent**.

Pour commencer, vous allez repartir au début de ce cours et vous fixer de nouveaux objectifs. En effet, ce sont eux qui guideront votre stratégie et vous aideront à démarrer une **nouvelle phase** de votre networking.

De nouveaux objectifs !

Essayez également d'**anticiper les changements** qui pourraient avoir lieu dans votre réseau. En effet, celui-ci reflète la plupart du temps un univers professionnel, marché, métier...

En anticipant les innovations, les bouleversements, ou tout simplement leurs évolutions, vous resterez ce contact clé vers qui l'on se tourne pour être informé et progresser dans son métier. Votre **veille** permanente doit vous permettre de continuer à apporter de la valeur à votre réseau et à l'aider à évoluer.

Gardez le contact

Une fois le contact établi, des interactions faites, une demande réalisée, ne devenez pas un membre fantôme du réseau de votre contact. Continuez d'échanger par messages directs de manière **régulière.**

Partagez avec lui des articles de votre veille directement dans sa boîte mail, appelez-le pour prendre des nouvelles, proposez de vous retrouver à un événement, taguez-le dans une publication que vous pensez être pertinente pour ses problématiques actuelles.

*Vous trouverez tentant d'**abandonner** des relations qui vous ont déjà "servi", car elles ont accédé à votre demande et vous ont par exemple présenté le décideur que vous souhaitiez rencontrer. C'est une **grave erreur** !*

Dites-vous que ce n'était que le début d'une relation qu'il ne tient qu'à vous d'enrichir et de faire évoluer dans le temps.

En résumé

● Créer et entretenir votre réseau, c'est un exercice au long cours, mais ce sont aussi des bénéfices tout au long de votre carrière.

● N'attendez pas d'en avoir besoin pour faire vivre votre réseau. Vous allez adorer donner à vos relations et vous recevrez beaucoup : des pistes d'emploi, une évolution de carrière, un nouveau business.

Chapitre XV

Lancez-vous et tirez parti de votre réseau !

À vous de jouer !

Pour vous entraîner, réalisez cet exercice étape par étape.

C'est le moment de mettre en œuvre ce que vous avez appris tout au long de ce cours, et de rédiger deux messages dans le cadre de votre stratégie de networking. Vous pouvez imaginer la situation, mais n'hésitez pas à prendre des situations réelles afin que cela vous soit utile !

Demande de mise en relation

Ce premier message, vous le rédigez à l'attention de quelqu'un de votre réseau afin de lui demander de vous mettre en relation avec l'une de ses connexions, que vous aimeriez rencontrer.

Demande directe à un contact

Cette fois-ci, il n'y a plus d'intermédiaire, vous écrivez directement à quelqu'un de votre réseau pour lui demander quelque chose. De l'information, un conseil, une demande de mentorat, une rencontre...

tout est possible, à vous de rédiger une demande qui donnera envie de vous répondre !

Vérifiez votre travail

Vérifiez bien que vous avez les éléments suivants :

- La demande de mise en relation doit être faite avec :

  - une introduction pertinente ;

  - des intentions clairement exposées ;

  - une porte de sortie pour que le contact puisse refuser ;

  - un message préécrit.

- La demande directe à un contact doit être faite avec :

  - un titre qui donne envie de l'ouvrir ;

  - un objectif clair ;

  - une présentation personnelle ;

  - la mention d'information clé qui montre que les recherches ont bien été faites ;

  - des prochaines étapes claires ;

  - une valeur apportée.

Vous avez terminé l'exercice ? Félicitations ! De mon côté, je vous remercie d'avoir suivi ce cours. J'espère que vous y avez trouvé l'inspiration qu'il vous manquait pour construire un réseau de qualité qui saura vous aider dans votre vie professionnelle, voire personnelle !